Franz von Kobell

P´älzische G'schichte' in der Mundart erzählt

Franz von Kobell

P'älzische G'schichte' in der Mundart erzählt

ISBN/EAN: 9783743652927

Hergestellt in Europa, USA, Kanada, Australien, Japan

Cover: Foto ©ninafisch / pixelio.de

Weitere Bücher finden Sie auf **www.hansebooks.com**

P'älzische G'schichte'.

In der Mundart erzählt

von

Franz von Kobell.

München, 1863.
E. A. Fleischmann's Buchhandlung.
August Roßlolb.

Der Gräfin

Charl. von Fugger-Glött,

Hofdame Ihrer Majestät der Königin Maria von Bayern.

Als freundliches Andenken

gewidmet

Inhalt.

	Seite
'S Photographiee'-Lische	1
'S Görges Philippin'	15
Die G'schicht vum Fritz Bohrer	35
'S schlof'nde Lottche'	67
Die Käfer's	81
Freund Grogmann	105
Die Kosake'	121
'S Ässche vun Erbach	157
Drei Freier	177

'S Photographier'-Lische.

1.

Es war e' Weinhändler in Neustadt, der hot Kercher g'hese un' hot e' gar schöni Tochter g'hat, die hot Lische g'hese. Deß Lische war der bsunnere Stolz vun der Fraa Kercher, ihrer Mutter, die in se neig'schaut hot wie in en Spiegl, bann 's Lische war aach e' g'scheut' un' gut Mädche. Deßwegn hot se bann eme junge Mann, eme gewisse Herr Ring, erschrecklich g'falle un' weil er viel Geld g'hat hot so is er aach bal' mit seiner Passion un' seine Heuratsgedanke rausgerückt un' hot gemeent, es könnt gar nit anders sei, als baß beß Mädche „ja" sage thät, aber beß Mädche hot „ne" g'sagt. Deß hot den Ring gewaltig verdrosse un' der alte Kercher hot sich aach e' bische b'rüber geärgert, un' hot'n zu beschwichtige g'sucht, 's Lische wär' noch zu jung, es thät sich vielleicht später mache un' was mer halt bei solche Fatalitäte vorbringt. An bem ganze Ring war aber sei Geld die Hauptsach, bann sunscht war's ke' bsunners äschtimirte Persönlichkeit un' bem alte Kercher hot aach nit viel an 'm g'falle als halt sei' Geld. Aber Geld regiert die Welt un' deswege hot der Kercher bem Heiratscandidat nit grabeweg vor be Kopp stoße wolle.

So is dann der Ring doch als wieder in's Haus kumme un' hot sei' Couralie' gemacht schun beswege', weil er sich hot weiß mache wolle, 's Lische hätt' nor aus Zimperlichkeit sei' Offert refusirt un' e' rechter Ernscht wär' nit babei geweſt. 'M Lische war's aber werklich Ernscht, dann sie hot e' heemliche Liebschaft g'hat, die ke' Menſch hätt' b'erroth'n könne'. Deß war nämlich so. Es sin' sellemol die Album's for Photographiee' Mode worre' un' 's Lische hot so e' Album g'hat un' hot unner annere aach Porträts vun Dichter gsammelt, dann sinnige Mäbcher, wie se eens war, halte' was uff die Poeſie un' uff die Dichter. Un' so hot se dann vun Schiller un' Göthe a' allerhand Dichter-Notabilitäte' in ihrem Album g'hat. Jetz hot se emol beim e' 'rum-resnde' Photographe' e' Porträt vun emme junge' Mann g'sehe, in beß sie sich förmlich verliebt hot. Der Photo-graph hot selber nit gewißt wer der Mann war, hot 'n halt emol gemacht wie annere. 'S Lische kaaft sich beß schöne Bild un' legt's in ihr Album zu be' Dichter und wie se ihr Vater emol brüber gfrocht hot, weil er aach all's neigeguckt, so sächt' se, freilich e bische' ver-lege', sie hätt' g'hört, es wär' 's Porträt vum Dichter Heyse. „Was beß for Sache sin', sächt der Alte, heu-tig's Tag's wachse die Dichter wie die Champignon's über Nacht, meiner Zeit hot mer en' Schiller g'hat un' en Göthe un' somit Punctum un' war aach genug, dann wer kann dann all' die Vers' lese' un' beß Zeug', beß se emm vormache." „Der Heyse, lieber Vater, sächt

's Lische, hot gar hübsche italienische Novelle' g'schriebe."
„So? no' wege meiner, so schreib' aber aach be' Name
brunner, wie bei be' annere, daß mer doch weeß wer's
is." Un' 's Lische schreibt in Gottesname' Heyse
brunner un' hot sich babei gebenkt, bem Heyse thät ke'
Unrecht mit g'schehe', bann er könnt' wohl zufriebe' sei',
wann er so e' hübscher Mann wär'. Der Mutter aber
habe' so Sache' g'falle un' sie hot gern bei Visite beß
Album producirt un' es bische' mit bene gelehrte un'
poetische Bekanntschafte renomirt.

Mer kann sich wohl benke wie oft beß Lische ihr
Album stubirt hot wege' bem vermeentliche Heyse. Ach
Gott, ben Mann wann ich emol sehe' könnt', hot sie
nocher gebenkt, was wär' ich glücklich. Wer's nor sei'
könnt'? er hot so was Geniales in seiner Physiog=
nomie, so was Nobels in seiner Haltung, wann's nor
nit gar e' Prinz is. So hot se geschwärmt un' beß
Heemliche un' Eigenthümliche vun ihrer Lieb' war aach
ganz bazu gemacht. Natürlich sin' solche Verhältnisse
for ben Herr Ring sehr ungünschtig gewest un' sie hot
ihr' Freed kaam verberge' könne wie der amol uff' e'
paar Woche' in G'schäfte' noch Meenz abg'fahre is. —
Juscht am selle Tag is e' Gascht a'kumme, e' fremder
G'schäftsreisender, Namens Ziechler, un' hot'n der Herr
Kercher zum Souper ei'gelabe' un' der Fraa Kercher
g'sacht, es wär' e' wichtige Person for sei' G'schäft un'
mer soll e' seines Souper richte' un' die Dame solle'
sich hübsch anziehe'. Deß is bann aach g'schehe' un'

's Lische hot zum Ueberfluß vier schöne silberne Leuchter aus'm Silberkaschte' g'holt un' rosefarbene Stearinkerze' bruff g'steckt un' uff die Tafel g'stellt, un' in die Mitt 'e Bouquett vun Jasmin un' Levkoje. Die Mutter hot ihr blau Gros de Naples-Kleeb angezoge' und 's Lische ihr appelgrü' Seide=Kleeb, sie hot damit so lieblich ausg'sehe wie e' Ros' im Garte'.

Der Herr Ziechler is dann zur bestimmte Stunt' a'kumma un' vum Herr Kercher un' ihr gar höflich empfange' worre' un' e' bische später is deß Lische erschiene un hot se der Vater vorg'stellt. Wie deß Mädche' dem Ziechler in die Auge' schaut, werd se uffemol ganz blaß un' werd ihr ganz thormlich, daß se sich kaam hot halte' könne', bann weeß Gott, der Mann is deß Original vun ihrer geliebte Photographie! Der Vater un' die Mutter habe' for lauter Aufmerksamkeit for ihren Gascht die Verlegenheit vun dem Mädche nit bemerkt un' aach die Aehnlichkeit mit dem gewisse Heyse is ihne' nit uffg'falle'. So hot mer sich dann g'setzt un' soupirt und war der Fremde recht artig, hot 's Lische alls mit Intresse un' Wohlg'falle' betracht' un' allerlei G'spräch' mit ihr a'gfangt, aach vum Theater, vun Opere, Romane un' Gedichte un' was so Mädcher interessirt. 'S Lische hot schier schüchtern geantwort un' deß nit viel un' so hot die Mutter Kercher gemeent, sie müß' for sie 's Wort nehme' un' sächt: „Mei' lieber Herr Ziechler, ich soll's nit sage', aber mei' Lische' kennt alle Dichter, ich bin's aach zufriede' un' meen' es steht eme Mädche gut, wann se Sinn for 's Poetische hot, bu lieber Gott, die Prosa bleibt im Lebe' doch nit aus. Sehe' Se emol, sächt se un' nemmt vum e' Spiegeltischche beß photographische Album, was mei Lische schun e' ganzi Gallerie vun Poete' beinanner hot." 'S Lische hot gemeent, sie muß in be' Bobbem sinke', wie der Ziechler beß Buch uffmacht un' 'rumblättert.

Do fangt er uffemol zu lache a' un' halt' sei Porträt nebe' sich, baß se's all' habe' sehe' könne un' sächt: „Ei ber tausend, wie kumm' ich zu der Ehr' bo herin als Dichter Heyse zu figurire'?"

Wahrhaftig was e' Aehnlichkeit, sächt der Kercher un' 's Lische' is roth worre' unb sächt verlege': „Als wann's Ihr Bruder wär'." Ne, ne, nir Bruder, sächt der Ziechler, baß beß' mei' Photographie is weß ich gewiß, ich hab' se in Strasborg mache' losse, aber der Künschtler werb sich gebenkt habe', 'n Herr Ziechler werb niemanb for e' Album kaafe un' bo hot er 'n Heyse b'raus gemacht." Do habe sie dann all' gelacht, aber bie Mutter hot artig bemerkt, baß so e' hübsch Bilb jebermann g'falle' muß, gleichviel was for'n Name' des Original hot un' 's Lische hot mit'm Kopp bazu genickt un' babei ihrn Freunb mit e' paar Aage' angeguckt, beß der vum selle Moment a' in beß Mäbche sterbns verliebt worre' is. Er is jetz alle Tag in's Haus kumme un' weil sei' schöni Liebesfeschtung schun erobert war, 'eh' er se nor g'sehe', so ist nir zu capi=

tulire geweft un' wie er, 's is kaam e' Woch 'rum=
geweft, im e' günftige Aageblick zum Lische' g'facht
hot: „Hören Se liebes Lische, wolle' Se mich glück=
lich mache', wolle Se mich heurate', fo ift'm 's Lische
um be' Hals g'falle' un' war der Himml voll Geige'.
Eh' er aber beim Vater förmlich um fe a'halte' woll',
hot er g'facht, fo möcht' er der Erlaubniß vun fein'm
Principal verfichert fei', die nit fehle' könnt' un' fo
woll er noch vorher uff e' paar Täg' nach Strasborg,
er gäb' ihr aber fei' Wort, fie thät fei' lieb' Weibche
werre, fo oder fo, dann er hätt' felber Vermöge' un'
wäre' fchun allerlei Anftalte' getroffe', daß er fich
felbftänbig etablire' thät. So is er dann ach bal' ab=
gereeft, der Kercher hot aber beß Verhältniß vun denne
zwee doch erfahre', dann 's Lische hot's der Mutter
g'facht un' die Mutter hot's mit gröfchter Freed natür=
lich wiebber ihr'm Alte' g'facht.

2.

Der glückliche Herr Ziechler war dem Kercher jufcht
nit näher bekannt, die Vollmachte aber die er vun
fein'm Haus mitgebracht hot un' die Empfehlungsbrief
ware' vun der Art, daß gar nit zu zweifle war, er
wär' e' Parthie fors Lische wie mer fe nor wünfche'
könnt'. War alfo die Kercher'fche Famill ganz glücklich
un' zufriebe'. 'S is aber uff der Welt fchun oft um
die Schwernoth zu kriege', daß gar ke Glück ungetrübt
fei' kann un' daß der Deubl in die fchönfchte Bira alls

'n wischte Worm steckt der bra' 'rum nagt. So e' Worm is der ei'gebildte widderwärtige Ring gewest, der in Meenz bal' erfahre' hot, wie 'm der gewisse Ziechler beim Lische de' Rang ablaafe will. Deß zu hinnertreibe' hot er allerhand Plän' gemacht un' Luge ausstudirt, um dem alte Kercher 'n Floh in's Ohr zu setze' un' vun dem verwünschte Ziechler abspenstig zu mache'. Um jo ke' Zeit zu verliere' is er g'schwind wiedder noch Neustadt g'fahre un' hot ganz keck de' Kercher über die Angelegenheit zur Red' g'stellt. Ganz verwunnert sächt 'm der, 's wär' wohl was bra', aber die G'schicht' wär' nix weniger als abgemacht, er woll' sich erscht genauer um die Verhältnisse erkundige'. „Deß könne' Se gut sei' losse', sächt der Ring, dann den Ziechler kenn' ich vun Paris her, 's is e' Schwindler un' e' mauvais sujet, mir habe' alls minanner bei Fouchart im Palais royale 'gesse un do hot er mer oft sei' Avanture un' G'schichte verzählt, ich kann Ihne' nor sage', daß deß e' schrecklicher Mensch is." „Aber um Gotteswille', sächt der Kercher, wie kummt der Mann als erschter G'schäftsführer in des Strasborger Haus Philipp un' Comp., deß kann jo doch ke' unsoliber Mann sei'."

„Lieber Herr Kercher, Sie wisse' wie so Sache' geh'n, mer munkelt allerhand vun frühere Gefälligkeite, die er dem Haus erwiese' un' die e' Geheimniß bleibe' solle', korz ich kann als Ihr alter Freund nor rathe', mache' Se Ihr Lische mit dem Mensche' nit unglücklich."

„„Deß is jo erschrecklich, jammert der Kercher, ich kann's dem arme' Mädche gar nit sage', so dauert se mich."" „Ei, sächt der boshafte Ring, Sie brauche' ihr gar nix zu sage', Sie schreibe korzewech dem Ziegler, daß er sei' Plän' uff's Lische uffgebe soll, bann Sie hätte schun längscht e' anneri Parthie for se gewählt und aus wichtige' Gründe' müßte se dabei bleibe'. Sie könne beß um so mehr, weil er Ihne' vun seine' Absichte gar nix g'sacht hot, was an sich schun ziemlich verdächtig is. Wann er frech genug is noch n' Brief an 's Lische zu schreibe', so is es ke' Kunscht den uff die Seit zu bringe' un' kummt er nit, wie natürlich, un' kriecht se aach keen' Brief, so werd se bal' merke, wie se bra' is un' ich denk', s'git noch annere Männer die se tröschte könne'." Do hot er sich mit gemeent. — Der Kercher hot ganz traurig g'sacht, er woll's überlege, die Dame' aber habe' den Ring artig empfange, bann b'sunners 's Lische hot sich gedenkt, er werd se mit seine' Visite' wohl nimmer lang genire'. Der Kercher hot nit gewißt was er thu' soll, un' hot heemlich seiner Fraa die G'schicht verzählt un' is die im A'fang zu todt verschrocke'. Wie aber die Weiber in so Fäll' oft stärker sin als die Männer un' be Kopp nit verliere', so hot sie sich bal' wibber g'faßt. „Wer weeß, wer weeß, ho se g'sacht, ob beß nit e' Intrigue vun dem Ring is, ich trau dem Mensche' nit, un' mer muß nit Alles glaabe', was er sächt, also nor ke' Uebereilung, mer kann sich jo in Stroßburg erkundige'."

„Ja, mei' lieber Schatz, sächt er, des is nit so leicht als be meenscht, bann so e' Subject gebt sich öffentlich alls be' Schein vum e' polirte orbentliche Mann un' mit be Philipp's solle Constellatione' sei', daß mer nit bruff baue kann, was bie vun 'm sage'."

„Ich glaabs nit," sächt wibber bie Fraa', „wär' aber werklich' was bra', so soll ber zubringliche Ring mei' Lische doch nit krieche un' weeß' ich e' anneri Parthie for se. Guck' emol bie Photographie a', fahrt se fort, un' gebt 'm so e Porträt vum e' hübsche junge' Mann; benk' beß is unser Neveu, ber Fritz, ber jetz' in Neu=York etablirt is, un' benk', ber gute Fritz schreibt mer brzu, er woll unser Lische heurate' un' ich soll for 'n werbe'. Er hätt' se vor 3 Johr' emol in Mannheim, wo er 'n Accorb abzuschließen g'hat hot, im Theater g'sehe' un' hätt' se seitbem nimmer vergesse könne'." Der Kercher hot große Aage' gemacht un' sächt noch=her e' bische beruhigt: „No', 's is alls gut for be Nothfall, einstweile' aber sag 'm Lische' nor, ber Fritz hätt' sei' Photographie geschickt un' sunscht nix." Die Fraa Kercher war ei'verstanne' un' legt beß Bilb im Lische ihr Album. Deß war Mittags un' noch 'm Esse', wie se so beim Kaffe sitze' is mei' Ring schun wibber brhergeloffe kumme'. Die alt' Kercher hot 'n e' bische ernschthaft empfange un' 's Lische hot sich was zu thu' gemacht un' is bal' aus'm Zimmer g'schliche'. Do sächt bie Kercher, „Herr Ring, Sie habe mei'm Mann vun unserm neue' Gschäftsfreunb m' Herr Ziegler, coriose Sache' verzählt, benke' Se boch e' bische' noch, ich meen' alls Sie müsse sich in der Person geerrt habe'." „„Sie könne sich bruff verlosse, mei' liebi Fraa Kercher, der Ring errt sich in so Sache nit, 's hot jo der Mensch mit mir selber schun G'schäfte mache wolle'."" Do war e' Pauf' un' weil der Kercher aach in Gebanke' in e' Eck geguckt hot, so war e' Spannung, die be Ring selber verlege' gemacht hot. So nehmt er bann beß Album beß uff 'm Tisch gelege' is, un' wie er brinn blättert un' die Name' unner bene Porträt's sieht, so is 'm glei' ei'gfalle', baß gewiß aach eens vum Ziegler brbei wär' un' baß er brvun Gebrauch mache' könnt for sei Lügerei. „E' hübschi Sammlung," sächt er, „Schiller, Göthe, Uhland, Geibel, ei lauter Dichter un' Heyse, is beß aach eener?" frogt er gleichgiltig. Do habe' die Kerchers g'stutzt un' die Fraa sächt nachher scheinbar ebe'so gleichgiltig, „'s is eener vun be' neuere, aber sehe se boch ob der Herr Ziechler getroffe is, er hot uns aach sei' Bilbche' gschenkt, es muß brinn sei'." Un' der Ring sucht, find aber keens mit bem Name un' so kummt er an beß vun bem Neveu aus Amerika, bes eenzige, wo ke' Unnerschrift ghat hot. Er war also überzeugt, baß beß der Ziechler wär' un' fangt ganz keck a': „Guck emol, bo is er jo der Patron, mer kennt 'n an bere Schramm uff ber Stern." O bu verlogener Spitzbu, benkt die Kercher, bie wohl gewißt hot, baß ihr Neveu bie Schramm beim e' Räuberattaque in Amerika kriecht hot; sie sächt aber: „Ja was is es dann mit der Schramm, wie is er dann bo dzu kumme?" „Deß will ich Ihne sage'," sächt der Ring, „er verzählt drvun e' langi G'schicht, wie er in Paris e' Duell ghat hätt' mit eme Officier, deß is awer nit wohr, er hot die Schramm vum e' chercutier kriecht, der 'n bei seiner Fraa beim e' Rendevouz unglücklicherweis überrascht hat." Jetz' ware' die zwee Kercher am Losplatze' for lauter Indignation, aber in dem Aageblick kloppts un' wer kummt rei, der Herr Ziechler. „Ah Herr Ziechler," springt der alte Kercher uff, „schun wibber zuruck, deß freut mich," un' guckt nochher den Ring mit eme durchbohrende Blick a'; der aber, obwohl betroffe' un' verschrocke', fragt mit eme rechte Fuchsg'sicht, „hab' ich recht verstanne? a a ch e' Herr Ziechler?" „Ja wohl," sächt der Kercher, „un' wie Se sehe nit Ihr Bekanntschaft. „Ne, ne, gewiß nit," sächt der Ring, un' will noch was stottere', aber der Kercher unerbrecht 'n un' sächt, „damit se aber aach wisse' wer Ihr vermeentlichi Bekanntschaft is, mit der gewisse Schramm, so will ich Ihne sage', daß deß en Neveu vun mer is, der Kercher heest wie ich und weil ich an ihre alarmirende Luge' jetz' genung hab', so muß ich schun bitte, daß Se künftig mein Haus mit Ihre Visite' verschone', habe' Se mich verstanne'?" Un' roth wie e' giftiger Biphan nehmt der Ring sein' Hut un' is 'nausg'fahre' aus'm Zimmer wie e' Rakett'. Der Fraa Kercher is for Alteration schier übel worre', aber Alles hot sich g'schwind wibber zum Gute gewendt, wie der verwunnerte Ziechler sei' Papiere vorgelegt hot un' mer hot des glückselige Lische gerufe' un' is die Verlobung zu selbiger Stund geweft un' korz bruff hot des herrliche Pärche' der Parrer ei'gsegnt. Der abscheuliche Ring aber, der gern alle Ziechler un' Photographe' in de' tiefschte Erbsbobbem verschlage' hätt', is ganz vun Neustabt weggezoge' un' mer hot nir mehr vun 'm g'hört.

Des is die G'schicht' vum Photographiee=Lische.

'S Görges-Philippin'.

I.

In Landau hot emol e' gewisser Görges gelebt, e' Cigarrekrämer, ich hab' 'n gut gekennt, is e' großer vierschrötiger Mann geweſt mit ene finſchtre' G'ſicht, hot nit gern geredt (e' Selte'heit beim e' Pälzer), un' beswege' un' weil er was harts ghat hot in ſein'm ganze Weſe, ſo hot mer'n aach be' ſteenerne Görges g'heeſe. Der Görges hot e' wunnerſchöni Tochter ghat, die Philippin', e' ſchlank' Mädche' mit ſchwarze Aage wie Kohle un', was mer ſo ſächt, is e' kleener Spitzbu' brin g'ſeße. War e' gut' Kind, du lieber Gott, hot ſich viel plooche' müſſe mit dem griesgramige' Alte', un' hot Alles b'ſorge müſſe in der Haushaltung un' noch Marchande be Mode=Sacha mache müſſe for die Leut, um e' biſche' was zu verdiene, dann obwohl der Görges früher e' wohlhabender Mann war, ſo is es doch gar knapp im Haus hergange un' hot mer g'ſagt, er hätt mit 're Speculation viel Geld verlore.

Weil die Philippin' ſo hübſch war un' aach manch= mol im Labe' hot Cigarre hergebe derfe, ſo hot's natürlich nit an junge Leut g'fehlt, die ihr die Cour gemacht habe, wann der Alte juſcht nit do war, un'

unner benne hot ihr b'funner's e' gewisser Renard
g'falle, e' luschtiger hübscher Jung, e' Moler, der noch
nit lang in Landau war. Im A'fang is gelegeheitlich
zwische benne zwee mit allerhand Artigkeite hin un'
her geredt worre; is zufällig e' Grosche' uff be Bobbem
g'falle, un' hot'n sei' Hand un' ihr Händche zugleich
uffhebe' wolle', so hot er statt dem Grosche beß
Händche erwischt un' so fort. Mer hot sich aach zu=
fällig begegnt, wann die Philippin' e' Haub' oder 'n
Spitzekrage zu der Fraa Bino getrage hot, e' reichi
Fraa, die hot vor der Stadt e' Landhaus ghat mi'm
e schöne Garte. Do is bann emol so zufällig am
Ei'gang vun der Allee der Herr Renard g'sesse, un'
hot gezeichnt. „Ei was, Herr Renard, gute Morge',
schun wibber fleißig?" sacht die Philippin', die zu der
Bino 'n Gang ghat hot. Do hot der Herr Renard
die Hand uff sei' Papier gelegt ganz verschämt: „Ei
freilich, Mamsell Philippin', und war schun der Müh'
werth, daß ich bo was a'gfanga hab', schun Se, weil
jo Sie derzu kumme sin, geht Alles gut, wann so e'
lieber Engl in der Näh' —" — „Mei gehn Se ewech,
's is Ihne' nit Ernscht, aber zeige Se doch e' bische,
was Se mache, die klee' Kalmit, oder was is es
bann?" — „Ach Gott, ich möcht' zeichne, was ich im
Herze hab', aber, lieb Binche, 's geht nit!" un' bo
thut er die Hand vum Blatt wech un' was sicht die
verwunnert Philippin? Ihr eige's Porträt, ausge=
zeichnet schö' gemacht, ganz wie se leibt un' lebt! „Ei

was e' Ehr," sächt se, un' werd ganz roth un' verlege, un' mit eme b'sunnere: „Adieu, Adieu!" springt se fort. Bun dera Stund a' war se bis über de Ohre' verliebt in den Renard, wie er in sie, un hot sich des Ding poetisch weiter g'sponna mit Briefcher un' Blume', Alles hübsch heemlich, daß der Alte nir merke soll.

Wann er aber aach nir gemerkt hot, so is bal' e' Gelegeheit kumma, wo er was merke hot müsse', un' wann er hunnertmol der steenerne Görges gewest is. Des war so. Es is e' großer Ball uff der Poscht arrangirt worre vun vermögliche junge Herrn in Landau un' do hot der Moler Renard mit noch eem sei' feierlichi Eiladung beim Görges natürlich for die Philippin' gemacht. Dererscht hot der Görges freilich gedankt, aber die Philippin' hot gebitt' un' 's träf' grad uff ihrn Gebortstag, un' die Herrn sin' im Staat kumme' mit schwarze Fräck' un' weiße Gilets, deß hot 'm Görges e' bische geschmeichelt, un' so hot er endlich doch nochgebe. Gekost' hot's nit viel, dann die Philippin' war g'schickt und hot sich ihren Ballstaat mit etliche Elle Mousselin un' er Paar farbige Bänder prächtig 'zammagericht (vun be' Crinoline hot mer selbichsmol glücklicherweis noch nix gewißt). Am selle Abe'd is e' groß' Gethu gewest in der Stadt, geputzte Mädcher un' geputzte Mama's un' schwarze Fräck hot mer gsehe' überall zu Fuß un' zu Wage, die Poscht war mit tausend Kerze' beleucht' bis unners Dach un' die

Dienschtmädcher un' die Gassebube habe' sich am Thor rumgedruckt mit Schwätze' un' Bable', un sin die Leut ausgericht' worre, wann se 'neigange sin un' gekichert un' gelacht über die oder den, wie's halt so geht. Is dann der Görges aach a'kumma un die schön Philippin'; natürlich war der Herr Renard glei' bei der Hand un hot ihr e' prächtigs Bouquet überreicht, 's Mädche hot gestrahlt vor Freed. Freundinne sin aach glei' entgegekumma, un' die Tänzer um se 'rumgschwärmt wie die Biene um e' Blum'. Uff emol hot's g'heese': „Gucke Se, gucke Se, die Fraa Bine mit ihrer Kathrin'! — Sapperment, was e' Staat! Die sin 'was werth minanner, guck emol die golde' Kett' un' die Bracelets un was die Alt' for'n Spitzekrage hot, un deß schwere seibene Kleed vun der Kathrin'. Aber G'schmack hot se nit, dann e' geeli Farb' wähle zu ihr'm grüne G'sicht, un was e' Frisur, die hunnert Locke un Löckcher, wie e' Pubdl!" Do sächt e' Bekannter zu de Mädcher, die so g'schwätzt habe': „Losse' Se des gut sei' mit denne hunnert Locke, jedi Lock' stellt e' Röllche mit Dukate vor, un des is aach was werth." Un' is aach wohr gewest, dann die Bine war enorm reich un is alls noch reicher worre, dann 's Knickre hot se verstanne. Die Kathrin' aber hot ke' Mensch gemöcht, dann 's war e' gar hochmüthig' Ding, un weil se emol in Paris war, hätt' se gern g'hatt, daß mer se for e Pariserin halte soll, un hot, wann's nor sei' hot könne, französch geplappert.

Jetz' is die Musik a'gange, un hot der Herr Renard
mit der Philippin' getanzt. Alles is durchenanner ge=
werblt vor lauter Tanzwuth, un' do hot's natürlich
manchn Stumper gebe un is manches zarte Füßche'
getrete worre. Der alte Görges is im e' Eck vum
Saal gesesse', un hot sein Hut vor sich uff 'm Bobbem
steh' ghat, un hot so zugeguckt, un wie die Philippin'
emol bei 'm vorbeitanzt, fahrt e' anner Paar an se a',
daß se schier vor de Vater hi'gekorchlt wär un fliegt
ihr ihr Bouquet aus der Hand un mitte' in dem sein'n
Hut 'nei. Er hot des Bouquet glei' widder 'raus un
hot's der Philippin' widder gebe, die sich geärgert hot
über das 'rumstoße, aber mer hot doch dazu lache'
müsse. Druff is der Alte aus'm Saal fort un in's
Billardzimmer, e' Cigarr zu raache un en Schoppe zu
trinke. Do hot er e' Trepp nunner gemüßt und wie
er be Hut uffsetze will, fallt e' Röllche Papier aus
dem Hut. Was Deubl is beß for e' Papierche? un
hebt's uff, un wickelt's ausenanner, un leest unner der
Treppelamp, un was leest er?

„O Philippine,
Der ich biene,
Wie ich Dich liebe, Du weißt es nicht,
Hier zwischen den Rosen,
Die schwesterlich kosen,
Soll's künden Dir dieß kleine Gedicht.   Renard."

„So so, sunscht nix! Hab' ich mer's doch gedenkt,
mit dem Moler, da is es nit richtich. Die Gränk
noch emol, deß wär' des Wahre! Hinne nix un vorne

nir, Windbeutlerei un' Versmacherei, recht hübsch! daß
Dich der Deubl hol'!" — Un' 's hot nit viel g'fehlt',
hätt' er Spektakel gemacht, und dem Renard die
Meenung g'sacht, hot sich aber doch b'sunne wege' be
böse Mäuler, die's genug gebe hot in Landau, un'
bene e' Skandal juscht recht gewest·wär'. Er hot also
's Beschte getha', was e' vernünftiger Mann in so ere
Situation thu' kann, d. h. er hot 'n Schoppe Wei'
getrunke, un noch een un widder een, un so fort, bis
der Ball e' End ghat hot.

Drheem aber is es über die arm' Philippin' los=
gange' ferchterlich un käm' der Renard noch emol in's
Haus, so thät er'n tobtschieße, er hätt' schun e' Pischtol
b'rzu un 's war halt erschrecklich, wie der Mann wüthich
gewest is un getobt hot. Der Philippin' is schier 's
Herz b'rüber gebroche. —

II.

Nebe' dem bitterböse' Papa hot uff dem Ball nor
e' eenzichi Person was gemerkt vun dem Verhältniß
zwische' dem Renard un' der Philippin', un' des war
die alt' Bino. Die hot sich schun länger de' Plan
gemacht, daß der Renard ihr Kathrin heurate soll, un'
hot gemeent, weil se stee'reich wär', so hätt' des gar
kenn A'stand. Der Kathrin' aber hot der junge Mann
schun deswege g'falle, weil er ganz hübsch französch
geredt un aach emol verzählt hot, daß sei' Vater e'
Gut in der Champagne hätt'. Die alt' Bino hot also

mit dem nämlichen Verdruß wie der Görges dem Aage=
geblinsel un dere Courmacherei vum Renard gege' die
Philippin' zugeguckt, un hot e' Gesicht gemacht wie die
Katz, wann's bunnert, un Bosheite ausstubirt. Un
wie der artige Herr Renard aach emol die Kathrin'
engagirt hot, so sächt se ganz familiär zu 'm: „Lieber
Renard, kumme Se doch morge, mit uns zu Mittag
zu esse, do wolle mer über de' Ball schwätze; Sie
habe' gewiß allerhand piquante Bemerkunge' gemacht,
un deß interessirt mich, also gel'e Se, Sie kumme?"
— „Mit Vergnüge," sächt der Renard un' tanzt mit
der Kathrin; die hätt' gern e' bische pretentiös un
zimberlich getha', weil er mit der Philippin' vor ihr
getanzt hot, der Renard hot aber getha', als thät er's
nit merke.

Also am annere Tag Diner bei der Fraa Bino.
Die Kathrin' natürlich rausgeputzt prächtig, mit leben=
dige Camelie in de Hoor, wo e' eenzichi Blum' zwee
Gulde gekoscht hot; die alt Bino hot's wenigstens
so g'sacht. War noch e' Bruder vun der Fraa Bino
in der G'sellschaft, e' alter Hagestolz, der sei' Geld
verputzt ghat un' vun der Schwester gezehrt hot, natür=
lich war er alls ihrer Meenung, wann se was g'sagt
hot. Jetz' is dann gar bal' 's G'schpräch uff den Ball
kumma, un frocht die Bino: „No, sage' Se, wer war
dann Ballkönigin?"

—. „Deß is schwer zu sage', Madame Bino, aber
bekannt is, daß die Fräule' Kathrin' alls am bril=

lautschte a'gezoge is, und e' herrlichi Tänzerin —"
Mit eme gnädige: „Merci bien" verneigt sich die Kathrin'.
„Der Herr Renard," sächt die Bino, „is e' artiger
Herr, beß wisse mer, aber ich möcht' wisse, wer sunscht
noch uff dem Ball noch sein'm Gutscho geweßt is?
Meene sie nit," sächt se, „'s Frank's Marieche obber
die Guschtl vun Germersheim obber 'sGörges
Philippin'?"

„Ei ja gewiß, sin' drei hübsche Mädcher, un
b'sunners die Philippin', find ich, hot was Pikantes,
's is e' poetisch' Mädche, mer sicht ihr's nit a', e'
kleeni Schwärmerin und die gut' Stund' selber. Un
beß muß mer aach sage, gewachse is se wunnerschö'." —
„Jetz' beß find ich nit," sächt die Bino, „dann kerze=
gerab sei, is ke' Kunscht, wann mer so mager is." —
„Erlaube Se," sächt der Renard, „sie is gar nit so
mager, sie kummt mer vor wie e' jungi Ros', do sin
die Blätter freilich noch nit breet un dick ausenanner=
gewickelt und sie hot so was Zarts in ihr'm Wese,
mer könnt sagen was Aetherisches —" Sächt er, der
Bino, mit Lache: „Des Aetherische müßt se vun der
aromatische Brüh' habe, mit der se de Tubak präpa=
rire, sunscht wüßt ich nit, wo's herkumme sollt!" —
„Ei was e' gut bon mot vun dem Onkel," platzt die
Kathrin' 'raus, aber der Renard werft ihne 'n wüthige
Blick zu un die alte Bino fangt e' anner Gespräch
an. — Noch 'm Essen aber nehmt sie den Renard in
e' Fenschter un sächt ganz heemlich: „Höre Se, mit

bere Philippin' is es nit so wie Sie meene, 's is e' gemeen's Mädche, e' leichtsinnig Ding. Ich kann Ihne nor sage, daß se mit unserm Gärtner, 's is freilich e' hübscher Borsch, Dechtlmechtl hot un so mit annere aach." — „Madame Bino," fahrt der Renard uff, „deß is Verleumbung, die Philippin' is e' orbentlich Mädche, wie's eens git."

„No, no, no," sächt die Bino, „nor nit glei' obe 'naus! Kumme Se morge Abe'ds, so gegen acht Uhr, bo hab ich se b'stellt wege' was ze nähe, un bo berf ich nor dem Gärtner sage, er soll mer um die Zeit e' Bouquet schneide un' bo werd er glei' bei der Hand sei', wann er se burch die Allee geh' sicht. Hot ihr schun öfters uffgepaßt un hot ihr e' Sträußche vun meine Blume gebe, ja wohl, un Sie könne's vum Garte'häusche mit anschaue, was des for e' orbentlich Mädche is." — Der Renard is ganz ausenanner kumme, versprecht, sich einzestelle, und geht wie verzweifelt fort.

Kaam war er fort, ruft die Alt' den Gärtner un' sächt 'm, er soll uff morge' die Philppin' Görges b'stelle' zu ihr bis Abebs um 8 Uhr un' soll im Garte' achtgebe wann se kummt un' soll ihr bann e' Sträusche gebe' un' vertraulich thu' mit ihr, als wann se sei' Schatz wär', 's gäb' e' Späßche' un' wann er sei' Sach' gut macht, so will se 'm 'n Dukat schenke'. Der Gärtner hot gelacht un' sächt, er will's schun b'sorge'. Die G'schicht is 'm g'schpaßich vorkumme, bann baß die Bino emol e' Douceur vom e Dukat offrire' könnt', deß hätt' ke' Mensch geglaabt; no' der Dukat wär' schun recht geweft, aber wie die Philippin' vielleicht beß Ding nehmt, deß hot 'm Skrupel gemacht. Er soll mit ihr thu', als wann se sei' Schätzche' wär'! Deß is glei' g'sacht, denkt er, aber uff emol fallt 'm ei', ei! was soll ich bo viel rischquire', ich b'ftell' lieber glei' mein Schatz, statt der Philippin', bo hab' ich gar ke' G'schichte' un' bei der Nacht sin alle Küh' schwarz, um 8 Uhr is es schun dämmrich un' mei' Liesche hot die nämlich' Figur, wie die Philippin', die alt' Bino hat ihr'n Spaß un' ich ben meinige' un' ben Dukat' habe' mer obedrei'! Vor's Weitere werb sich schun e' Lug' finne', wann's nothwendig is.

Dictum, factum. Am selle Abe'b geht der Renarb ganz betrübt noch dem Garte'haus, wo er all' sei' schöne Träum' vun der Philippin' zu Grund geh' sehe' soll. Die Fraa Bino, die e Weil im Garte' 'rumgewatschelt war, kummt aach. Er reb't vun Unmöglichkeit, sie vun Werklichkeit u. s. f. 'S is e schwüler Summerobeb geweft un' e Wetter am Himm'l. — „Guck! jetzt kummt se, die Philippin', sie tragt mei' Haub', — Aha! hot be' Gärtner schun g'sehe, sich! wie se steh' bleibt, ruft se 'm nit zu?! Ja freilich, ich hab' mer's glei' gebenkt, sehen Se, wie er springt mit sein'm Bouquet!" — Un' der Gärtner springt richtich zum Mädche', sie plaubre' ganz still mitenanner, er breht se sanft beim Arm 'erum un' sie geh'n die Allee wibber langsam zurück; „bie Gränk, er faßt se gar vertraulich um die Mitt', ich glaab gar, er gebt ihr e' Küßche'!" In dem Aageblick, wo die Bino sich werklich über die Frechheit vun dem Vorsch verwunnert hot, fahrt der Renard wie e' wüthiger Löw aus 'm Gartehaus un sterzt uff die Allee zu un' an den Gärtner, reißt 'n uff die Seit, das er schier umgekorchlt wär' un fahrt deß erschrockene Mäbche a': „So muß ich Dich treffe, Du falsche Philippin'!" — „Um Gottes Wille, was is dann," kreischt jetzt e' frembi Stimm', „ich heeß' jo nit Philippin', heeß' Lische, wann Se's wisse wolle, Sie werre mich doch nit umbringe!"

Un' der Gärtner hot sich aach widder erholt un' fangt a' zu räsonire un' zu brohe mit der Polizei; un' 'm Renard is gewest, als thät' mer'm kalt' Wasser in's G'sicht schütte. Do streckt er noch die Faust gege 's Gartehaus, un' ruft was vun „infamer Comödie" un' macht sich drou.

Die alt Bino hot im A'fang in ihr'm Nescht triumphirt, bis se die Red vum Lische g'hört hot un' bem Renard sein bös' Abschiedswort, do is ihr schwarz worre vor be Aage; mit zornverstickter Stimm ruft sie ben Gärtner, heeßt 'n 'n boshaftige Schlingl un' Betrüger, un' statt 'm Dukat jagt se 'n aus'm Dienscht un' soll sich nimmer vor ihr blicke losse. D'raus is derweil 's Dunnerwetter aach losgebroche un' is e' ferchterlichi Nacht gewest im Haus un' außer'm Haus.

III.

De annere Tag, was thut mei' Gärtner? Er geht schnurg'rab zum Görges un' verzählt 'm bie ganz' G'schicht un' wie er bie Mamsell Philippin' nit hätt 'neibringe wolle, un' beßwege' sein Schatz hätt' kumme losse, un' verzählt un' lügt aach, wie's juscht z'ammagepaßt hot. „Wart'," hot er sich gebenkt, „me' liebii Bino, Du alter Drach, Du sollscht mer mein' verlorne Dukat' un' mein' Abschied theuer büße'." Un' richtig, wann er mit ere brennenbe Lunt' in e' Pulverfaß getuppt hätt', so hätt' er kenn' so Spektak'l a'richte könne, als er's bei bem griesgramige' Görges getha' hot. Der hot getobt als wann er bie Bino glei' fresse wollt, loßt sich Alles nochemol genau berichte, un' im gröschte' Zorn hot er sich uff be Weg gemacht un' hi' zu ber Bino. Die hot 'n zum Glück kumme sehe un' hot sich glei' gebenkt, baß beß nir Gut's bebeut', bann er is sunschst nie in's Haus kumme, un' so hot se ihr'm Mäbche g'sagt, sie soll bem Görges sage, bie Herrschaft wär' verreest nach Neustabt, sie wüßt' nit, wann se wiebber zuruck käme. Wie beß bie Magb ausgericht' hot, sächt ber Görges: „Schun gut, ich werr' se schun finne, un' wann se am Enb ber Welt wär", un' is bie Magb schier an 'm verschroke, bann er hot bem kleene Azorl, bem Leibhünbche vun ber Bino, ber 'n e' bische a'geknorrt hot, mit sein'm spanische Rohr eens 'nuffgebe, baß ber weit ewech ge-

floge is un' jämmerlich g'heult hot. — Was deß e'
Mensch is? Die alt Bino hot, wie er fort war, die
Händ' über'm Kopp z'ammtagschlage, wie se den Azorl
g'sehe hot. Der Görges is aber korzwech uff die
Eise'bahn un' noch Neustadt g'fahre, um dort sei'
Opfer zu suche'.

Die Philippin' hot wohl gemerkt, daß der Gärtner
e' Nachricht gebracht habe' muß, die de Vater gewaltig
bös gemacht, sie hot aber nit glei' dahinner kumme
könne was es war, un' hot in eener Angscht uff die
Rückkunft vum Vater gewart'. Weil er aber nit zum
Esse kumme is, hot se sich gedenkt, er is vielleicht nach
Speier in G'schäfte, dann er is öfter so rumg'fahre
ohne was zu sage. Jetz' gege' Abe'd sicht se den
Gärtner wiebber am Haus vorbeigeh', un' ruft 'm zu,
er soll ihr' Rosestöck a'schaue, un' führt 'n unner dem
Vorwand in ihr Zimmer un' frogt halt, was dann
g'schehe wär. Der Gärtner hot ihr Alles verzählt un'
die arm Philippin' hot gezittert vor Angscht un' Jam=
mer. 'S Beschte war noch, daß se aus dere Erzählung
deutlich g'sehe hot, daß der Renard brav is, un' daß
er die Bosheit vun der Bino durchschaut hot. Un'
wie der Gärtner fort war, hot se mit Thräne 'n Brief
an de Renard g'schriebe un' dem ihr Leed geklagt. Wie
se so mitte d'rin war, kummt die Magd aus'm Lade
un' sächt', 's wär' e' Herr da, der e' alter Freund vum
Herr Görges wär un' der die Tochter gern sehe wollt
un' warte bis der Vater käm'. „Ach Gott, un' in

dem Aageblick —" aber 's hilft nir, der Herr steigt schun die Trepp 'ruff un' kummt in die Stub, als wann er im eigene Haus wär.

„Hab ich die Ehr', die Mamsell Philippin' — ?"

„Fell mich Ihne', der Vater werd' bal' —" un' sie halt' verlege 's Schnuptuch vor's Gesicht.

„Ei, ei, Mädche, was is es dann, was flennscht De dann, Kind? Derfscht mer's schun sage, bin jo e' alter Freund vun Dein'm Vater, heeß Fuchs, hot er nit manchmol vun mer geredt, he?!"

„Ja wohl, Herr Fuchs", sächt die Philippin' un' wischt sich die Thräne aus ihre schöne Aage.

„No, was is dann g'schehe? Is Jemand krank in der Famill' oder gar Eens g'storbe?"

„Ach nee, Herr Fuchs —"

„Is im Geschäft e' Unglück passirt, wolle's nit hoffe?"

„Ach nee, Herr Fuchs —"

„Is der Schatz untreu worre, he Mädche, dann habe thuscht De een, des seh' ich b'r a'?"

„Ach nee, Herr Fuchs —"

„Ja die Kränk, was is dann nocher zu flenne un' be Kopp zu hänge?"

Do horcht die Philippin' un' sächt: „Der Vater kummt, ich will 'm glei' sage, daß Sie do sin", un' so springt se aus'm Zimmer. Glei' d'ruff kummt der Görges erei' un' wie er den Fuchs sicht, breit' er die Arm ausenanner: „Ja was seh' ich! bischt's dann werklich, mei guter alter Fuchs!" un' sie embrassire sich uff's herzlichste. „Ei die Kränk", sächt der Gascht, indem er de Görges so betracht', „Du hoscht Dich jo alt gemacht, Kerlche, weiße Hoor un' deß nimmer viel; wie ich Dich 's letschtemol g'sehe hab', warscht De jo e' pechschwarzer Lockekopp."

„O mei' lieber Fuchs, 's hot sei' Ursach, daß ich weiß worre bin; mei unglücklich' G'schäft mit denne Bilder nach Amerika, der verfluchte Moler, der mich drzu verleet un' so niederträchtich bschumlt hot, ich hab Dir's emol g'schriebe, un' noch allerhand, deß kann em schun weiß mache".

„Ja, ja, ich weeß, deß is lang her, aber hoscht Dich jo wiedder rangirt un' hoscht e' herrlich Kind, die b'r gewiß gut die Haushaltung führt. Un' jetz', Alterle, will ich Dir noch was sage, jetz' bin ich wiedder do un' mit mit eme leere Geldbeutl, verschtehschst De, un' kann Der helfe, wann Dich wo der Schuh druckt. Die Kränk, wie bin ich 'rumg'fahre in der Welt, hab' allerhand probirt un' is aach oft krumm gange', hab mer aber doch beßwege ke' graue Hoor wachse losse. Als luschtig b'ruff! hab ich mer gedenkt, un 'weeschte, was mei Glück gemacht hot?" —

„„Lieber Fuchs, wann mer so 'n Humor hot wie Du, is mer 'schun beßwege glücklich.""

„Ja, hör emol, die Leut' wolle Geld, un' am bescht Humor hot mer doch nir zu nage un' zu beisse. Sich! e' Fäßche Wei' leer zu mache, deß versteht der

Humor prächtich, wann er aber nor e' Bouteill' fülle soll, so loßt's 'n sitze. Ne, Freundche, un' doch hängt mei Glück mit'm Humor zamma, dann wer's versteht un' kann ben verkaafa, der löst schun was."

"Ja, wie meenscht De beß?"

"Ei ganz ee'fach, ich hab' oft gemerkt, daß erschrecklich phlegmatische lahme Kamrade beim Champagner luschtig werre un 'n Humor entwickle, daß mer staunt; bo hob ich mer gedenkt: Mach' G'schäfte in Champagner, bo machscht De Geschäfte in Wei' un' in Humor, un' alle zwee sin beliebt in der ganze Welt. Un' so hab' ich's gemacht un' hab' jetz' e' prächtig' Gut bei Epernay un' Moschampagner mach' ich aach, dann luschtig macht der ee' wie der anner. Aber sag', Dei Töchterche hab' ich vorhin gar traurig getroffe', was hot se dann, ich kann so was nit sehe?"

"Ja, wos hot se, beß is e' Elend, bo is e' junger Moler, der hot ihr de Kopp verruckt, un' seit mich dersell' Schwindler so a'gführt hot, will ich vun kenn' Moler nix mehr wisse."

"Wie heeßt er dann, der Jung'?"

"Ei, Renard, 's is e' hübscher Mensch, is noch nit lang hier, thut wohl als wann er was hätt', aber wer weeß es, ich will nix mit'm zu thu habe."

"Die Kränk, Renard sächscht De? Charles Renard, is er nit vun Coblenz kumma?"

"Ganz richtig."

Do fangt jetz' der Fuchs zu lache a' daß 'm der Bauch wak'lt: „Ne, deß is göttlich, mei' lieber Görges, deß is e' Capitalspaß, denk' der nor, du alter Brummler, der Charles Renard is mei' Sohn, heeßt Fuchs., wie ich, aber e' Tant' vun 'm, die 'm viel Geld gebe hot zu seiner Molerei, die hot die Bedingung gemacht, daß er sich Renard nenne soll, dann als französcher Moler wär's viel leichter bei der Arischtokratie Ei'gang zu finne, un' sie wollt's nit habe, daß er in der bourgeoisie stecke bleibe soll. No, Gott hab' se selig (die Gans, hätt' ich bal' g'sagt) sie is jetz g'storbe un' mei' Karl soll wiebber Fuchs heeße wie ich, un' bei' Tochter soll die Fraa Fuchs werre! Görges, do mußt De mich mache losse, der Jung ist brav, ich steh' b'rfer, loß'n nor glei' hole, wo wohnt er dann? ich bin jo erscht a'kumma."

„Ja, bei' Sohn? is es wohr?" stottert der Görges, „wär's möglich?"

„Nit blos möglich, 's is werklich, jetz mach' nor ke' G'schichte."

„Ja du lieber Himml," ruft der Görges ganz exaltirt, „do geb' ich je gern mein Sege b'rzu," un' er schickt glei' um de Renard, un' holt die Philippin' un' sächt ihr Alles, un' is e' Jubel gewest im ganzen Haus, daß deß ke' Fedder gar nit b'schreibe kann. Der junge Renard is mit Herzensangscht b'rhergeloffe', wie er aber sein alte Papa g'sehe hot, is'm g'schwind e' Licht ussiganga, un' um's korz ze sage' un' ke' langi Brüh' zu mache, 's is noch am selle Abe'b die Verlobung gfeiert worre un' in etliche Woche b'ruff die Hochzeit. Die alt Bino is aber, wie die G'schicht bekannt worre is, mit ihrer grüne Kathrin werklich nach Neustadt g'fahre, un' hot des dumme Landau gar nimmer sehe' wolle, un' die Kathrin is noch grüner worre, obwohl se die Alt getröscht' hot, die Parthie wär doch nir geweſt, dann Madame Renard hätt' se nit heeße könne, deß hätt' der Alte nit gelitte, un' Madame Fuchs zu heeße, do hätt' se sich doch bedanke' müsse'.

Die G'schicht' vum Fritz Bohrer.

1.

An der Bergstraß' nit weit vun Weinheim, habe' e' Bruder un' e' Schweschter e' hüb'schi geräumige Villa ghat mit eme große Garte' un' habe do ganz frieblich minanner gelebt.

Bohrer war der Familie'name'. Er der Bohrer war e' unverheurat'er Mann in be' fufzig un' e' leibenschaftlicher Jäger un' Fischer, un' hot nebe'her be' Garte' bsorgt; sie war a'fange' verzig, un' mer hot ihr a'gsehe' daß se emol hübsch gewest sei' muß. Sie war Wittwe vum e' gewisse Rahm un' hot 'n Bu' g'hat vun 12 Johr.

Es sin' gar brave Leut' gewest un' habe viel Geld g'hat un' obwohl se wenig mit der Umgebung in Berührung kumme' sin, so hot's nit an Ei'labunge' g'fehlt vun do un' dort, daß der Bohrer heurate' un' sie aach wibber 'n Mann nemme' soll. Er hot aber alls gege' so e' Projekt geredt, wann's sei' Schweschter betroffe' hot, und sie ebe'so, wann mit ihm was in Aussicht war, for sich aber hot doch kenn's die Jbee vun ere Heurat so gerabewech verrebbe' möge'.

Vun Verwandte war Niemand do als der Sohn vum e' verstorbene Bruder un' dem sei' Mutter, die

in' Münche' gelebt habe'. Weil do wenig Vermöge
war, hot der Bohrer sein'm Neveu e' Unnerstützung
gebe' un' hot 'n studire' losse'. Der Jung hot aber
alls mehr gebraucht, dann die Zeit is g'schwind 'rum=
gange' un' er is uff die Universität kumme' eh' mer
bra' gedenkt hot. Des is e' Weil so fortgange', bis der
Borsch, e' luschticher un' e' bische leichtsinniger Kamerad,
a'gfange hot, allerhand Streech zu mache' un' nix mehr
zu studire'. Statt über de' Pandekte' zu hocke', dann
er hätt' Jurischt werre solle', hot er viel lieber in de'
Kneipe' gelege' un' gaudeamus igitur gsunge' oder er
ist taglang uff der Jagd 'rumgeloffe' oder hot sich
uff'm Turnplatz 'rumgetummlt, hot Vers gemacht un'
getha' als müßtn 'm die gebratne Vöchl in's Maul fliege'.

Do hot dann der alte Bohrer im e' ungünschtige
Moment endlich geschriebe', er thät 'm nix mehr gebe'
un' er soll nor selber sehe' wie er fortkummt. Deß
war dem junge Fritz, so hot er g'heese, freilich nit
a'genehm, aber deß ewige Studire' war 'm noch un=
angenehmer un' e Liebschaft mit ere Tänzerinn hot 'n
erscht ganz ausenanner gebracht, un' weil er selber for sei'
Lebe' gern getanzt hot, so hot er bschlosse' e' Tänzer
zu werre'. Sei Mutter is glücklicherweis um selli
Zeit g'storbe', sunscht hätt' se viel Verdruß erlebt, un'
so war der Fritz jetz' vollständig sich selber überlosse'.
Sei' Geliebti, Namens Marie Keller, war gar e'
hübsches un' aach e' ordentliches Mädche', ihr Tanze'
un' 'rumhuppe' war aber nit weit her, sie hot nor im

Corps tanze' derfe' un' is deßwege' recht froh gewest, wie se so e' Theaterprincipal noch Mann'em engagirt un' Aussichte gemacht hot, daß se in kleene Pantomime' die Colombin mache' derf. Ihr Fritz aber hot g'sagt, er verloßt se nit un' is richtig mit noch Mann'em un' hot sich dort als Ballet=Eleve g'stellt un' weil er gut gewachse' un' voll Tanzeifer war, is er aach a'genumme' worre'. Deß Ding hot im A'fang ganz luschtig aus= gsehe', dann bei denne' Tanzprobe' hot's allerhand Späß' gebe'; 's Tanze' selber is aber doch nit so leicht gewest als der gute Fritz gemeent hot; gleichviel, er war jo mit sein'm Schatz beisamme' un' was nit is kann noch werre', hot er sich gedenkt. No', der Wille war gut aber 's Geld is alls weniger worre', dann vun dem viele Tanze' un' Springe' hot der Jung oft 'n schreckliche Dorscht kriecht un' mit Wasser hot er sich de' Mage' doch aach nit verderbe' wolle'. Wibber= wärtig war dabei der Balletmeeschter, e' alter Pedant, Namens Leroy, dann wann der Fritz gemeent hot er mach' sei' Pas noch so schö', un' thät dem schönschte griechische Apoll in Attitude' nix nachgebe, so war's dem alte Leroy doch alls nit gut genug.

Deß merschte vun de Ballets sin' Pantomime' gewest, un wann der Fritz in de Exercierstunde' uff die Bemerkunge vun dem Leroy e' bische naseweis geantwort hot, was nit selte' g'schehe is, so hot 'n der bei so Pantomime nit emol als Chorischt mittanz'n losse', sondern er hot als een' vun de' Bediente', Baure' oder Polizeidiener mache'

müsse', die der Arlequin, wie deß so is, dorchprüchlt
un' die über ennaner falle' müsse' wie die Säck, un'
so Zeug. Deß hot den Fritz um so mehr geärgert,
weil sei' Schatz die Columbin' war un' weil er sich
mit so Rolle' for ihr g'schämt hot. Er hätt' deswege'
gar zu gern be' Arlequin gemacht, aber der dumme
Leroy hot's nie erlaubt un' hot alsfort g'sacht: „Mei'
Lieber, du bischt noch lang nit begabirt genug for be'
Worschtl." Deß hot den Fritz bal' noch mehr verdrosse',
wie er gemerkt hot, daß der Arlequin bei de' Prüch=
lereie' alls mehr uff ihn als uff die annere mit seiner
Pritsch gekloppt hot, dann den Arlequin hot e' recht
libberlicher nixnutziger Bu vun Strasborg, e' gewisser
L o u i s, gemacht, der die schö' Marie gern zum Schatz
'triecht hätt' und deß Verhältniß vum Fritz zu ihr bal'
bemerkt hot. Jetz' is emol was gscheche, deß dem
Fritz sei' ganzi Balletg'schicht mit eem Schlag verderbe'
un' abgeboche' hot. Es sollt Arlequin's Hochzeit sei',
un' aus besunnerer Gnad hot der Fritz den Zauberer
mache' derfe', der dem Arlequin die Zauberpritsch gebt.
Do muß dann der Fritz dem Arlequin, der ganz de=
müthig im e' Eck vum Theater steht, en' Wink gebe',
sich zu nähere, um die Zauberpritsch in Empfang zu
nehme' un' muß 'm mit Pantomime' explicire', was
an dem Gschenk is un' was er for Wunner mit mache'
kann. Wie die Prob' war un' deß vorkumme' is, hot
also mei' Fritz mit sei'm Stab gewunke' un' Alles
gemacht, wie er gemeent hot, daß es recht wär'. Aber

der Leroy war gar nit zufriede'. „Deß sin' so me=
chanische Bewegunge' wie vum e' Automat', nir vun
inne' raus, nir gfühlt, gedenkt un' überlegt. Wann
du nit Phantasie genug hoscht, dich in die Situation
ordentlich 'neizudenke, so redd' doch wenigstens, natür=
lich ganz still, das mer's nit hört un' sag' dem Worschtl,
was de' willscht, do werre' die Bewegunge' vun dein'm
Arm ganz anners werre'. Du sächscht for dich, merk
dirs, „Worschtl do kumm her", un' mit dem senkt sich
der Arm vun selber un' deut' uff de' Fleck, wo der
Worschtl hi' muß, verstehschst de' mich." — Wie der
Leroy deß im feyerlichschte Ernscht gsacht hot, platzt
der Fritz mit so eme Gelächter los, daß des ganze
Balletcorps davun a'gsteckt worre' is un' Alles hellauf
gelacht hot. Do drüber aber is der Leroy wüthig
worre' un' hot dem Fritz sein Zauberstab aus der Hand
gerisse' un' hot 'm mit zornverstickter Stimm' g'sacht,
er soll augenblicklich sei' Trupp verlosse', er woll' mit
so eme ungezogene Sujet nix mehr zu thu' habe'.
Vergebens hot die Columbin for ihrn Fritz gebitt' un'
aach der Pantalon, der mit 'm zammegewohnt hot,
es war mit dem wüthige Balletmeeschter nix mehr zu
mache', un' der Fritz hot fortmüsse'.

Do war dann e' großes Lamento zwische' ihm un'
der Marie un' 's ärgschte drbei, daß er kaam soviel
g'hat hot, for e' paar Woche zu lebe', un' aach ke'
Luscht mehr, e' weiteres Engagement beim e' Ballet
noch zu suche'. In dere verzweifelte Lag' fallt 'm

endlich der Onkl vun Weinheim ei' un' die Tant'; zu
denne woll' er geh', hot er der Marie g'sagt un' woll'
se um Hilf' a'flehe' un' a'pumpe', so gut als möchlich.
Wann ich ner wiedder Geld hab', sächt er, dernocher
kumm' ich glei' wiedder zu dir, mei' herzliebi Marie, un'
verleg' mich uff die Photographie, un' do fahre mer
minanner uff alle kleene Schlösser un' Baurehöf im
ganze' Land 'rum un' losse' die Sunn' die G'sichter
uff's Papier mole' un' losse' se' hübsch drfor zahle' un'
du werscht sehe', mir bringe's noch zum e' Haus in
Mann'em un' wer'n stee'reiche Leut." Aber die Marie
in ihrer Aengstlichkeit hot gemeent, so gar leicht ging's
mit seine Projecte doch nit, un' Photographe' gäb's jo
wie Sand am Meer, un' die G'sichter, die nit schun
photographirt wäre', thäte gewiß alle Tag seltner werre'.
Recht hot se freilich g'hat, es is aber dem Fritz nir
übrig gebliebe', als den harte' Gang zu de' Bohrer's
zu mache'.

2.

'S war e' wunnerschöner Herbstmorge', wie der
Fritz gege' deß Landhaus vun sein'm Onkl kumme' un'
langsam in allerlei Gedanke' durch die Mandlbeem un'
Nußbeem, die ringsrum g'stanne' sin', fortgewandert
is. Wo die Hügl an der Bergstraß hinner Weinheim
a'fange', is deß Haus gelege', un' dorch die grüne
Stagette' am Garte' habe' vun weitem schun rothe
un' vichelette Dalie' g'schimmert un' goldiche Sunne=

blume'. 'S Herz hot dem Fritz gekloppt, wie er all's
näher hi'kumme is. Was werd der Onkl for e' Mann
sei'? Er hot 'n nie g'sehe' un' die Tant' aach nit,
vum Onkl hot er nor zuweile' mit dem g'schickte Geld
Ermahnungsbrief 'kriecht, daß er ordentlich lerne' soll,
un' nocher den bitterböse Absagbrief, wo er 'm nix
mehr g'schickt hot. Wann 's nor nit e' recht e' gries=
gramiger alter Mann is, hot er sich gedenkt, un' wie
werd die Tant' sei'? Die Mutter hot 'm freilich emol
g'sacht, 's wär' e' guti Fraa, un' er soll ihr doch emol
schreibe', e' Gratulation zum Name'stag oder so was,
beß is 'm aber alls zu viel Müh geweft. Jetz' hot's
'n freilich gereut. No'! er woll recht artig gege' se
sei', hot er sich vorgenumme'.

Der Weg zum Haus hot dorch be' Garte' g'führt, un'
am Ei'gang is e' Gärtnerjung g'stanne' un' hot Rose'stöck
uffgebunne'. So frocht 'n der Fritz, ob der Herr Bohrer
drheem wär'. Nee, sächt der, der Herr is verreest un'
werd erscht in sechs Woche' wiedder kumme, aber sei'
Schwester, die Madam Rahm, is do, is aber juscht
spaziere gange. Sie werd nit lang aus sei', sächt er.
Dem Fritz is ganz wohl worre', wie er g'hört hot,
daß der Alte verreest war, dann die Tant' kann mer
jo aach Geld gebe', hot er gedenkt, un' is vielleicht mit
bere' leichter e' gütig's Verständniß zu wege' zu bringe'
Un' so legt er sich vor 'm Garte' unner 'n schöne'
Keschtebaam in's Gras un' zünd't sich e' Cigarr' a'
un' bloost in Gedanke' die Tubackswölkcher vor sich hi'.

Uffemol steht e' ganz stattliche Fraa vor 'm, die vum
e' Seiteweg herkumme' is, wo er nit hi'g'schaut hot.
„Gute Morge', sächt die Fraa', thun Se e' bische
raschte', 's macht heeß heut', gel' e Se." Deß is ge=
wiß die Tant', denkt der Fritz, un' springt uff un'
zieht de Hut. „Do habe' Se recht, gnädigi Fraa,
sächt er, die Sunn' stecht ziemlich, un' do hob' ich mer
erlaubt, unner dem Baam e' bische' be' Schatte' zu
genieße'." „„Deß war ganz g'scheit, un' genire' Se
sich nit, Sie habe' wohl e' Fußparthie vor, vielleicht
noch Heblberg zum Turnerfescht; do sin Se 'e bische
vun der rechte Stroß abkumme.'" In seiner Verle=
ge'heit sächt der Fritz, ich bin wohl e' Turner, aber
so Fescht koschte' doch alls was, un' 's is besser for
mich, kenn's mitzumache."

Wie er deß so g'sacht hot, hot er die Rahm ge=
bauert, un' sie sächt: Wann's Ihne nit pressirt, werb's
gut sei', wann Se bei mir zu Mittag esse', dann 's
is hübsch weit bis zum nächschte Werthshaus." „„Sie
sin' zu gütig, antwort' der Fritz, ich nemm's mit Dank
a'.'" Un' so hot se 'n ei'gelade', mit in's Haus zu
kumme', wo ihr ihr Söhnche entgege'g'sprunge is. Do
war dann zu ebener Erd' e' prächtiger Salon mit große
Fenschter un' Alles voll Blume' un' feine Möbel un'
Albums un' Bücher uff eme' Tisch, wie's nor bei
reiche' Leut' so sei' kann. Deß hot dem Fritz gar gut
g'falle, aber noch besser, wie's g'heese' hot, er soll in's
Nebe'zimmer kumme', wo gewöhnlich 'gesse' worre' is,

un' wo die Fraa Rahm un' ihr Jung schun am Tisch g'sesse' sin'.

"Nehme Se Platz", sächt die Fraa freundlich, "aber Sie müsse' mer doch ihr'n Name' sage', daß ich weeß, wie ich Ihne anredde muß." Jetz' is es dem Fritz wie Feuer über's G'sicht g'floge', un' ohne zu wisse wie, sächt er: "ich heef' Fritz Keller." "Un habe' Se G'schäfte' in der Gegend oder wandern Se nor for Plaisir." Ganz verlege' sächt er: "Eigentlich hab' ich ke' Geschäfte, aber ich könnt' aach nit sage', daß ich for Plaisir wanner', obwohl mer die Geg'nd unendlich g'fallt, un' ich weeß schier selber nit, wie ich do her kumme' bin'." Do lacht die Fraa un' sächt: "Seh'n Se, 's is mer grad ei'gfalle', weil Se doch e' Turner sin', wann Se mei'm Karlche' do e' bische Unnerricht im Turne' gebe' wollte, wär deß ganz hübsch, un' weil Se doch nicht recht wisse, wie mer scheint, was afange', so mach' ich Ihne' die Proposition, bleibe' Se über die Ferie' do, bis der Karl wiedder in sei' Pension nach Mann'em muß, so könne' Se die Geg'nd genieße' und Ihr' A'gelege'heite' ganz gemüthlich überlege', un' de Unnerricht solle' Se aach nit umsunscht gebe." Natürlich hot der Fritz den Vorschlag mit größchter Dankbarkeit a'genumme' un' hot verzählt, daß er schun öfter Turnunterricht in Mann'em gebe' hätt, was aach wohr war, un' so is deß G'schpräch uff' Mann'em, uff deß dortige Lebe' un' aach uff's Theater kumme', wo er angeblich 'n

gute' Freund beim Ballet g'hat hätt', un' hot dann
allerhand luschtiche G'schichte' verzählt, un' hot sich die
Fraa Rahm, die übrigens nor selte' nach Mann'em
kumme is, prächtig amusirt. Es hot ihr gut's Herz
aach g'freut, dem junge' Mann, der sichtlich nit viel
zu bepensire' g'hat hot, uff e' netti Manier e' Unter=
stützung zu gewähre' un' Vergnüge' zu mache'.

Is dann dem Fritz e' recht hübsches Zimmer a'ge=
wiese worre', un' hot der glei' be' nächschte Tag Barre'
un' Reck un' was' mer for beß Turnwese' braucht,
am e' schöne Platz unner de' Bääm nebe' 'm Garte'
herrichte losse, un' nocher mit bem Jung a'fanga turne'.
Dem Fritz is lang nimmer so wohl g'west als bei
bem Lebe' bo uff'm Land. 'S geht aach nix über e'
heiter's Landlebe', beß is gewiß; mer is frischer un'
denkt frischer, un' 's is, als wann die Luft, die vun
Wald un' Wiese weht, Alles am Mensche' wiebber neu
un' g'sund, un' blank un' klar mache' thät. Deß schaale
witzberwärtige Gethu' in der Stadt kann brauß' nit
uffkumme', un' um wieviel lieber hört nit e' sinniger
Mensch beß stille Geplätscher vun Quell' un' Bach
obber wie die Vöchl singe' un' sich rufe', wann er aach
nit versteht, was se enanner sage' wolle', als e' städti=
sches Fraabase'g'schwätz un' politisches Gebabl. Weil
mer in der unverborbene' Gottesnatur is, geht aach
alles leichter un' natürlicher, un' wer was uff'm Herze'
hot, e' Liebsg'stänbniß, e' Versöhnung, e' Sorg um
die Zukunft, alles bringt er leichter fertig, un' überall

athm't er Troscht un' Hoffnung. Ja recht hot er
g'hot der alte Horatius, wann er die Luscht am Lands
lebe' gepriese' un' verherrlicht hot!

Die Turnerei ist bal' im schönschte' Flor gewest,
un' die Fraa Rahm hot sich g'freut, wie ihr Jung im
Springe' un' Schwinge' alls g'schickter worre' is, nebe'her
hot ihr aber aach der Fritz kenn' gewöhnliche Ei'bruck
gemacht, wann er sei' schlanke' kräftige' Gliebber so
leicht un' anmuthig bewegt hot, un' is ihr emol sogar
der Gedanke kumme', wie's wär, wann se den junge
Mann heurathe' thät. Ihrem Bruder wär's freilich nit
recht, aber sie könn' am End' doch thu', was se woll'.
Bei so Reflexione' hot se nor een's e' bische genirt,
der dumme Verziger, dann sie hätt' jo dem Fritz sei'
Mutter sei' könne', der Borsch hat noch ke' zwanzig
g'hat. Der Effect aber vun all' dem war, daß se mit
dem Fritz gar freundlich un' artig war, un' er natür=
lich mit ihr aach.

Der Fritz hot seiner Marie bal' g'schriebe', wie
gut 's 'm ging, un' sei' a'fängliche Verlege'heite' un'
sei' Incognito, un' wie er hoff', e' schicklichi Gelege'=
heit zu sinne', deß abzulege' un' sich mit der Tant'
zu arrangire'. So sin' drei Woche' 'rumgange', do
kriecht er 'n lamentable' Brief vun der Marie. Sie
hot 'm bitter geklagt, sie könn's bei dem Ballet in
Mann'em nimmer aushalte', der Leroy thät alle Tag
kritlicher werre', und der nirnutzige Strasborger Louis
(deß war der, der alls in der Pantomim' de' Worschtl

gemacht hot) thät se mit seine' Liebesanträg' überall
verfolge'. Sie ging fort zu ere Freundinn noch Karls=
ruh, aber gar zu gern möcht' se 'n in Weinheim
sehe', un' hot'm be' Tag g'schriebe', wo se mit der
Eise'bahn do a'kumme' thät.

Der Fritz hot aach schun lang e' Sehnsucht g'hat
noch sein'm Schatz, un' so hot er die Fraa' Rahm
gebitt', an dem bestimmte' Tag uff Weinheim geh'
zu derfe'; 's käm' sei' Schweschter doch, hot er g'sagt,
die als Fräule' im e' Institut in Darmstadt unner=
kumme' möcht' un' er möcht' se natürlich bei der Ge=
legenheit wibber emol sehe'. Die gut' Fraa Rahm
sächt zu seiner gröschte Ueberraschung: „Ei lieber
Herr Keller, lade' Se doch Ihr Schweschter ei', e'
paar Täg' bei uns zu bleibe', es macht mer e'
Vergnüge', sie kenne zu lerne'." Was war do zu
mache'? un' wann aach 'was zu mache gewest wär',
der Fritz hätt' doch in sein'm Liebesleichtsinn nir anner's
getha' als er getha' hot, nämlich die Ei'ladung for sei'
Marie dankbarscht a'zunemme'. Er ist also zur be=
stimmte Zeit noch Weinheim kumme' un' gros war
die Freed, wie er sei'n Eng'l aus'm Wage g'hobe' hot.
Die Marie wollt' in Weinheim über Nacht bleibe' un'
nochher wibber abreese', aber der Fritz hot ihr die Ei'la=
dung g'sacht un' 's wär' doch gar zu schö', wann se e' paar
Täg' glücklich beinanner sei' könnte. „Daß ich dich for
mei' Schweschter ausgebe' hab', sächt er, schab't so der
Tant' nir un' war nit wohl annerscht zu mache un

bis se erfahrt, wie's is, wer weeß', wie sich derweil'
die Constellatione' mache'".

„Aber ich bitt' dich Fritz, hot die Marie g'sagt,
'sis doch nit recht, so zu lüge', ich meen' ich kann die
gut' Fraa' gar nit grad a'schaue', wann ich deß thu'."
Der Fritz aber hot se' zu beruhige' g'sucht, er nähm'
Alles uff sich un' mer thät so öfter ohne Noth so
kleene Späß mache', um so weniger' könnt mer's üb'l
nemme', wann mer in der Noth wär' und deß wär'
doch gewiß mit ihne' der Fall. Un' so hot er dann
nit nochgebe' un' die Rees' noch Karlsruhe hot aach
nit pressirt, is also die Marie in Gottsname' mit 'm
gange', un' hot ihr Sache' uff die Villa vun Bohrer's
bringe' losse'. —

Ich hab' schun g'sagt, daß die Marie e' gar
schö' Mädche' war un aach brav, was wohl zu ver=
wunnere war, dann ihr Aeltre hot se gar nit ge=
kennt; die sin' zeitig noch Amerika ausgewannert un'
habe deß Kind ere' alte' Schauspielerin zum Erziehe
überlosse', die se nachher zum Ballet gebracht un'
nimmer länger for se g'sorgt hot, wie se sich emol
'was verdiene hot könne'. Wann mer weeß', wie's oft
bei so Ballet zugeht, so muß der moralische Fond am
e' Mädche schun bedeutend sei, wann se' solid bleibt,
un' deß war die Marie. Der Fritz war aach ganz
sicher, daß se' der Fraa Nahm g'falle werd, ihm ist
wenigschstens vorkumme', sie hätt' was außerordent=
lich anziehendes un' modestes in ihrem Wese', deß alle

Mensche' g'falle' müßt'. Sie war aach nit so geputzt wie gewöhnlich die Theaterprinzessinne' sin', un e' paar blaue Kornblume' die se' unnerwegs geplückt un' uff ihr Strohhütche' g'steckt hot, war ihr ganzer Putz un' hot ihr aach gut g'stanne. Natürlich hot se' dem Fritz viel zu verzähle' g'hat vum Theater un' vun' all' denne' erlebte Intrique' un' Bosheite'; drzu habe' se' allerhand Plän for die Zukunft gemacht un' so is der Weg ganz korz worre'.

Am Garte' is ihne die Fraa Rahm entgege' kumme', un' hot die Marie freundlich begrüßt, o du lieber Gott, die hot vor Verlegenheit kaam was sage' könne', aber die Fraa Rahm hot ihr die Hand gebe' un' hot se glei in deß Zimmer g'führt, deß for se' hergericht war, un' g'sagt, sie soll thu' als wann se' do derheem wär'. „Sie sin' zu gütig, gnädige Frau, hot 's Mädche g'sagt, es schickt sich wohl nit, daß ich als Ihne' ganz unbekannt so drher kumm', aber ich kann nix drfor, der Fritz hot's zu verant= worte'." „„Mei', mache Se ke' Umständ', liebi Mari, gel' so heese Se', mich freut's, daß ich Ihr' Bekannt= schaft mach', die Gegend is schö', ihr Bruder kennt Alles un' ich denk', es soll Ihne' nit reue', e' Paar Täg' do zugebracht ze habe'."" Un' nocher hot se' ihr 's Haus un' de' Garte' gezeigt un' die klee' Oekonomie, un' die Marie hot gebitt', daß se' in der' Haushaltung mithelfe' derft, damit se' nit so for nix do wär' un' is so nett un' artig gewest, daß se' die Rahm nor alls

mit Vergnüge' a'gschaut hot. B'sunners war se' aber
über die graciös Tournüre von dem Mädche verwun=
nert. Mer merkt's doch glei', hot se sich gebenkt, wann
so e' Mädche in ere orbentliche Pension war, bann
weil der Fritz g'sagt hot, sie woll' e' Stell in ere
Pension nachsuche', hot se' gemeent, sie müßt aach in
so eener geweft sei'. Drbei is ihr ei'gfalle', weil se'
selber in ere Pension erzoge' worre is, was bo die
sogenannte Dame' oft for e' hartes Loos habe', wann
jufcht die Directrice e' rechter Drach' is, wie's genug
vorkummt. Deß schöne Mädche hot se beßwege' werk=
lich gebauert un' wie se' bann e' Paar Täg' mit ihr
im Haus gewerthschaft' un' bie Marie aach im Stricke',
Häckle' un' so Sache' gar g'schickt gfunne hot, so is
ihr gar nit ei'gfalle', bie so g'schwind wibber fortreese'
zu losse', un' is bie Marie alls lieber gebliebe', bann
emol wiebber mit Ruh gut zu esse', un' zu schlofe', hot
bem junge Blut gar wohl getha', un' mit ihr'm Schatz
in ber schöne Gegend spaziere' zu geh', war jo, was
nor's Herz verlangt hot. Die klee' G'sellschaft war
bann innig vergnügt un' hot Alles so harmonirt, baß
se' wann's ihne' ei'gfalle' wär' wohl die Stroph' aus
bem alte' Lieb hätte' singe' könne':

  Wir sitzen so fröhlich beisammen
  Und haben einander so lieb,
  Wir erheitern einander das Leben,
  Ach wenn es doch immer so blieb!

4*

3.

Die Marie war bal' zwee Woche uff bem Landhaus, do is gege' Abe'd, wo se' mit der Fraa Rahm un' mit 'm Fritz im Garte' g'sesse' is' un' juscht 'n Blume'=kranz gebunne hot, uffemol e' Pferdgetramp'l un' Wage=geraff'l brherkumme' daß die Rahm uffg'sprunge' is' un' g'sacht hot: „Ich glaab' gar, mei' Bruder kummt vun der Rees' zuruck! Kummt Kinner, wolle mer sehe', ob's so is'."

Un' so sin' se' de' Garte'weg 'nausgange' un' richtig fahrt der alte Bohrer die Stroß 'rei' un' hot schun vun weit'm mit 'm Hut gegrüßt un' gewunke'. Dem Fritz is' die Farb' aus 'm G'sicht g'schosse' un' der Marie aach, wer hätt dann beß ge=benkt, daß er jetz' schun käm', 's hot jo g'heese, erscht in zwee Woche'! Wie werd's jetz geh', wie werd's werre'?

„Ja, grüß dich Gott, sächt die Rahm, wie der Wage a'gfahre' is', was e' Ueberraschung, ich hätt' dich so bal' nit erwart'." „"Grüß dich Gott, liebi Kathrin, sächt er, un' springt ganz frisch aus der Chaise, gel', ich hab' mich getumml't widder heem zu kumme, ich kann dr' sage', ich hab' e' wahres Heemweh g'hat, dann der Spetak'l un' beß Mensche'gewühl in bem London un' Paris hätt' mer am End noch Kopp=weh gemacht, nee, eemol, aber nit nochemol."

Un' die Rahm stellt die Gäscht vor un' der Bohrer hot se' freundlich begrüßt, un' mer hot 'm a'g'sehe, daß 'n die Schönheit vun der Marie frappirt hot.

„Deß is' jo charmant, sächt er, dann liebe Leut' ich hab' so viel zu erzähle', daß drei kaam lange', um's a'zu=höre' un' Zeug hab' ich mitgebracht un' Sache', daß Se' der Schweschter schun gucke' helfe' müsse', mei' liebes Fräule', sunscht greift's ihr die Nerve' a'."

Un do hot er die Marie gar freundlich a'gelacht, un' is' ihr un' 'm Fritz wieder besser worre', wie se' g'sehe', daß der Onk'l e' ganz jovialer Mann is. Is' dann der Wage' abgepackt un' Koffer un' Kischte' in's Haus g'schleppt worre', wo der Fritz un' 's Karlche mitgholfe' habe' un' hot der Herr noch e' Weil mit der Schweschter geredt un' is nocher in sei' Zimmer. Die Rahm hot aber der Marie gewunke' un' sie soll 'n gute' Punsch richte', sie woll derweil in Küch un' Keller sehe', dann ihr Bruder hätt' Hunger un' viel Dorscht, hätt' er g'sacht.

E' Stund d'ruff is Alles fröhlich beim Souper g'sesse' un' hot der Bohrer verzählt vun denne Welt=wunner in der Londoner=Ausstellung, wo 'n aber bsunners die englische Flinte' un' deß viele Jagd= un' Fischzeug interessirt habe' un' nebe'her die Raritäte' aus China un' Japan un' Indie un' wer weeß' wo her, die do zu sehe' ware'. Die Marie hot 'm alles besser g'falle' un' er hot sich 's mehrscht' an die abbressirt, obwohl ſe wenig geredt hot, der Fritz derzwiſche' hot die Rahm unnerhalte'.

Do ſächt der Bohrer, wie Feldhühner uff de' Tiſch kumme' ſin': „die Gränk nochemol, wie ſteht's dann mit der Jagd, Kathrin, gits viel Hinkl, was ſächt dann mei' alter Flurſchütz?" Do hot die Schweſchter gelacht: „Mei' lieber Wilhelm, ſächt ſe, wann mer vun beiner Jagd hätte' lebe' ſolle', ſo wäre' mer lang verhungert, bann bei' alter George bringt gar nir, die Hühner, do hab' ich vun Mann'em g'ſchickt kriecht." Der Fritz aber hot verſichert, es gäb' recht viel Hühner un' junge Haſe' hätt er aach gſehe', die ſchönſchte.

„Sin Sie aach Jäger?" frogt der Bohrer. „Ich hab' viel gejagt, wie ich noch Student war, ſächt der Fritz, un' geht mer gar nir über's jage', beß is wahrhaft e' ferſchtliches Vergnüge'." „Ei do müſſe' Se mit, ſächt der Bohrer, morge' glei' wolle' mer unſer Glück probire' un' ich will die neu' Doppelflint, die ich aus London mitgebracht hab', einweihe. Noch 'm Frühſtück will ich Ihne' mei' Jagdarſenal zeige', do könne Sie ſich 'raus ſuche' was Se wolle'. Un' Sie, liebes Kind, müſſe' mer Waidmanns Heil wünſche'," wendt er ſich zu der Marie.

„Mit'm gröſchte Vergnüge'," ſächt die, un' die Rahm biſchpert ihr zu: „gucke' Se, ſo ſin' die Jäger, vun mir thät er beß nit annehme." „Aber ich, gnädige Fraa, bitt' d'rum, ſächt artig der Fritz, un' was gilt's ich bring e' Mittageſſe' mit." Do habe' ſe gelacht über die Jäger=Ei'bildunge un' nocher sin' Gsundheite' getrunke' worre' in Wei'un' Punsch bis Mitternacht, wo mer endlich in's Nescht is.

Mit eme Seufzer hot sich die Marie niedergelegt un' mit eme Seufzer is aach der Fritz ei'gebuselt. Wie werds geh'? wie werds werre? —

De' annere Morge' is der Herr Bohrer schun jagdfertig zum Frühstück kumme', mit ere graue grü' gstickte' Blouse, rehfarbene Hose' un' Gamasche' un' eme grüne steyerische Hut, der zu sein'm sunneverbrennte' G'sicht gut gstanne' hot. Was 'n Jagdanzug betrefft is jeder ächte Jäger e' bische wählerisch, wann er aach sunscht nit viel noch be' Mode' fragt, der Bohrer hot aber beim Muscht're vun sein'm Anzug aach e' bische an die Marie gedenkt, dann 's is nix natürlicher als daß e' Mann eme hübsche Mädche gern gfalle möcht'.

Der Fritz is aach gehörig armirt un' bstimmt worre, daß die erschte g'schossene Hühner glei' in die Küch g'schickt werre, um 's Mittagesse' zu completire', un' daß beß am e' Waldhang in der Näh', wo e' schöni Aussicht war, g'halte' werre' soll. Die Dame' habe' also allerhand zu b'sorge ghat un' die Herrn sin mit 'm alte' George', der se mit e' paar prächtige' Hund' im Garte' erwart' hot, uff die Jagd 'naus.

Glei' an be' erschte Felder habe' se schun Hühner a'getroffe' un' hot der Bohrer meeschterlich e' Doublette gemacht un' er hot's gern g'hört, wie der Fritz e' freudiges Bravo gerufe' hot, dann der George war e' brummiger,

truckner Kerl, der nie Bravo gerufe' hätt, un' wann
noch so viel Hinkl 'runnerg'falle' wäre'.

Der Fritz hot aach sein' Mann gemacht un' wann
er's dem Alte' aach nit gleich hot thu' könne', so hot
er doch ganz gut g'schosse'. Wie se e' paar Stund'
gejagt habe', war am e' schattige Plätzche e' klee'
Gablfrühstück parat un' hot sich der Bohrer mit dem
artige lebhafte Fritz, der allerhand Jagdg'schichte gewißt
hot, prächtig unnerhalte'. Dernocher habe' se wiebber
weiter gejagt un' sin' endlich ziemlich müd' vun dem
'Rumlaafe' in der Hitz mit etliche zwanzig Feldhühner
zu de' Fraunzimmer kumme', die be' Tisch recht zierlich
hergericht' habe', un' is luschtig getaflt un' g'schwätzt
worre'.

Noch 'm Esse' hot die Rahm be' Fritz wege'
ere' Weganlag' consultirt un' is der Bohrer mit der
Marie allee gewest.

„Ja Ihr Waidmanns=Heil hot gut a'gschlage',
liebes Marieche', sächt er, un' ich halt' was uff so
Sache', bin aach so e' verpichter Jäger, daß es, wann
ich was wünsche' derft', alsfort Herbscht sei' müßt. Ich
bin wohl aach e' Blume'freund, aber die Herbscht=
blume' wäre' mer gut genug."

„„Aber, Herr Bohrer, sächt die Marie, 's Früh=
johr mit sein'm Schmuck vun Primle', Veilcher, Narcisse
un' Tulpe un' der liebe' G'sang vun be' Finke' un'
Drossle', deß thäte Se doch gewiß hart gerothe', dann

nit umesunscht schwärme' die Dichter vum Erwache
der Natur un' wie mer so sächt."“

„No, meintwege', Ihne' zu Gfalle' un' wege de'
Waldschneppe' will ich's Frühjohr zugebe', ich kann
Ihne aber sage', weil Se beß Erwache' der Natur
citire', daß mer lieber wär', wann se gar nit ei'schlose'
thät', dann den langweilige Winter kann ich nit leide'.
Aber sage' Se, was thäte' dann Sie wünsche', weil
mer doch in dem Thema sin'?“

„„O mei' Gott, sächt die Marie, ich thät mer nor
wünsche', all's mit 'm Fritz zesamme' lebe' zu könne',
beß wär' mei' eenziger Wunsch."“

„Wahrhaftig e' recht bescheidener Wunsch, Marieche',
sehen Se do bin ich schun kecker un' thät' mein'm
erschte Wunsch noch be' Zusatz mache', daß ich alls
mit Ihne' zusammesey' könnt', verstehen Se, beßwege'
könnte' Sie doch aach mit 'm Fritz zesamme' sey'.“

„„Ach Herr Bohrer, Sie habe' e' lebhafti Phan=
tasie, 's kann aber mit dem eene Wunsch so wenig
was sei' wie mit dem annere'.““

„No'! beß is richtig, mei' Reduction der Jahrs=
zeite' thät der Herr do drobe' schwerlich zugebe', beß
glaab' ich selber, aber daß mir beinanner bleibe könne',
beß meen' ich müßt' sich mache' losse', gebe' Se Acht,
ich arrangir's.“

Do hot die Marie g'seufzt un hot noch 'was ant=
worte wolle', aber die Rahm is mit 'm Fritz zurück=
kumme' un' is die Conversation allgemein worre' bis

mer heem is, wo der Bohrer noch Presente' vun seine
Reis=Emplette' gemacht un' aach der Marie e' schönes
Arbeitskäschtche g'schenkt hot. — O was for schöne'
un' doch aach sorge'volle Täg' for die junge Leut'! Un'
beß Lebe' is luschtich so fortgange.

4.

Der alte Bohrer hot noech und noech an sich bemerkt,
beß er werklich in die Marie verliebt war un' die Idee,
er könn' jo beß Mädche' heurate', is 'm aach glei' in
de' Kopp kumme'.

Wie er emol in sein'm Zimmer an beß gebenkt
hot, so hot er sich for be' Spiegl g'stellt un' e' bis=
che sei' Aussehe' examinirt. „Jung bischt de nimmer,
denkt er, aber e' homme mûr was mer sächt; die
Schweschter thät' vielleicht e' bische brumme', aber
nee', sie hot jo die Marie selber so gern. Aber die
Marie? Ei die Gränk, was soll se opponire, 's Lebe'
g'fallt ihr hier, gut leibe' kann se mich aach, wann se
jetz' noch e' Weil bei uns is un' der Fritz aach e'
vernünftiges Wort zu ihr rebb't, warum soll sich's nit
mache?! Un' den Fritz kann ich gut brauche', ich hätt'
so schun lang gern 'n Verwalter genumme', der kann's
werre, e' guter Jäger is er aach. — Wann se dich
aber doch nit nemmt? Do werscht be' hübsch ausge=
lacht als abg'fahrener Amor, beß is richtig. Ah was!
Ich mach's wie uff der Jagd, wann ich fercht' 'n Reh=

bock zu verderbe', so schieß ich lieber nit, wann ich
aber schieß', so hab' ich 'n aach."

Un' so geht er zum Fritz un' sächt: „Hör'n Se,
lieber Herr Keller, Sie müsse Verwalter vun mein'm
Gut werre, deß is g'scheiter als e' Hofmeeschterstell
odder so 'was, ich geb' Ihne 800 Gulde, Esse' un'
Wohnung koscht aach nix, ich mach' mit meine Sache'
nit viel Umständ', also frisch 'raus, wolle Se die
Stell' annemme'?"

Mer kann sich die Verwunnerung vun dem Fritz
denke', „ach mit tausend Freude'," sächt er, un' druff
der Bohrer, „deß bitt' ich mer noch aus, daß die
Marie aach do bleibt, mir habe' se so all' so gern un'
will se heurate', so kann se hier wohl aach 'n Mann
finne'. Also gute Morge', Herr Verwalter," sächt er
lächlnd un' geht aus 'm Zimmer. Der betroffene
Fritz hot noch gehört, wie er ganz luschtig de' „Jäger
aus Churpfalz," die Stieg nunner gepiffe' hot. O du
göttlicher Onkl, hot er sich gedenkt, wann ich nor mei'
Incognito schun los hätt'! Un' is glei zu der Marie
g'sprunge', die ebe' ihr'n Hut uffg'setzt hot um mit
der Rahm spatzire' zu geh' un' hot mit Jubl sei' Glück
verzählt.

„Ja du lieber Fritz, sächt die Marie, wie sehr's
mich freut, so is es doch erschrecklich, wann ich dra
benk, was die gute Leut' sage' werre, wann se erfahre',
wie's mit uns is, ich sag' dir, ich ertrags nit, noch
länger so mitzumache', bring's vorenanner so gut be

kannscht, aber ich muß fort, ich bin's fescht entschlosse
un' übermorge' rees' ich noch Karlsruh."

„„Ich bitt' dich um Gottes Wille, Marieche, thu'
doch beß nit, sich! die Leut habe' uns jetzt' kenne'
gelernt un' habe uns gern, warum soll sich beß ännere,
wann ich ihne 'als Neveu noch näher steh' un' meenscht
be dann der Onkl werb, wo ich dich jetz' heurate kann, die
Erlaubniß abschlage', nee' beß thut er nit, schun dir zu
G'falle' thut er's nit."‟

„Aber wann's halt anners is, wann er's recht übel
nemmt, daß mer'n so hinnergange habe', was e' Schmach
kann do über uns kumme'?!"

„„Sei ruhig, Kind, hot der Fritz getröscht, un'
geht's krumm, so laafe' mer halt in Gottesname'
minanner drvu'."‟ Un' do hot er beß Mädche' herzlich
embrassirt, un' b'rüber hot die Rahm aus'm Garte'
ruff' gerufe' zum Spazire' geh'. Ganz verwerrt is
die Marie zu ihr 'nunner.

„Ei, ei, Marieche", sächt die Rahm, die an dem
Mädche die Uffregung bemerkt hot, „was is dann heut'
mein'm Schatz, was habe' Se dann, is Ihne' was
Unangenehm's g'schehe'?"

„„Ich hab' so an allerhand gedenkt, liebi Fraa
Rahm, mer hot so Stunde', die emm' traurig stimme',
mer wees' oft selber nit warum."‟

Do is der Rahm der Gedanke' kumme', beß Mädche'
hätt' vielleicht e' Verhältniß mit eme junge' Mann;
die Aussichte zum Heurathe' werre' nit günschtig sei',

denkt se, aber vielleicht kann mer was helfe', wenigstens 'n gute' Rath gebe'. Un so fangt se wiedder a':

„Sage' Se mer, Marie, ware' Se schun emol verliebt, habe' Se e' Bekanntschaft?"

„„Ich kann's nit läugne'"", hot die Marie schüchtern geantwort'.

„Un' wer is dann der Freund; Sie wisse', ich meen's gut mit Ihne', mir derfe Se Ihr Herze'sa'gelegeheite schun anvertraue', wie heeßt er dann?"

Do is die Marie ganz roth worre', un' hot innerlich gekämpft, was se sage soll. Nee', denkt se, ich kann die gut' Fraa' nit a'lüge', ich kann's nit, un' so sächt se: Er heest Fritz Bohrer.

„Fritz Bohrer? Ei so heest e' Neveu vun mer, der in Münche' studirt hot', ich hab' lang nix vun 'm g'hört, der werd's doch nicht sei', 's war e' böser leichtsinniger Jung."

„„Fraa Rahm, 's is werklich der nähmliche, aber ich kann Ihne' schwöre, er is seelegut und brav, un' wer weeß, hätt' 'm der Herr Bohrer sei Unnerstützung nit entzoge', nemme Se's nit übl, wann ich beß sag', vielleicht hätt' er bei'm Studire' aach noch gut getha'.""

In der höchschte Verwunnerung sächt die Rahm: „Ja, was is dann aus 'm worre', ich weeß ke' Wort."

„„Er is jetz' Verwalter uff eme Gut"", sächt die Marie mit zögernder Stimm', „„un' mir könnte' aach heurathe', obwohl ich gar nix hab', aber ob er die Erlaubniß kriecht — Ach Fraa Rahm, froge Se mich nit weiter, übermorge reeſ' ich fort, un' nocher werr' ich Ihne' Alles genau ſchreibe', un' bleibe Se mir gut,"" hot ſe g'ſacht un' hot der Rahm mit Thräne' die Hand geküßt.

„Ne', Marie", ſächt die, „fort derfe' Se nit, Sie ſin' jetz' uffgeregt, deß werd' ſich ſchun wiebber gebe', un' mer muß die Hoffnung nit glei' verliere, nor ke' Sorge' umeſunſcht, es rangire' ſich ſo Sache' oft ganz ee'ſach."

Die Rahm hot jetz' vun was anner'm zu rebbe' a'g'fange', un' is der Spatziergang kerzer worre', als er beabſichtigt war, dann die Fraa hot ke' Ruh' mehr g'hat, ihrem Bruder die G'ſchicht mitzutheile', un' zu mache', daß der was for die arm' Marie un' den verlaſſene Neveu thut. Wie ſe alſo wiebber heem 'kumme ſin', is ſe glei' zum alte Bohrer, der beſchäftigt war, ſei' Fiſchapparat zammezurichte'.

„Seid ihr ſchun wiebber zuruck", ſächt er, „no', jetz' kann bei' Marie getroſcht noch länger bei uns bleibe', ich hab' ihrn' Bruder zum Uffſeher vun meiner Jagd gemacht un' for die Oekonomie, dann mit dem alte George geht's nimmer recht, un' ſo kann die Marie aach do bleibe'." Sächt die Schweſchter, „deß wär recht hübſch, aber die Marie will fort un' will übermorge' abreeſe'."

„Ja warum dann, wo will ſe dann hi'?"

„„Lieber Wilhelm, ich denk' mer, ſie will zu ihr'm Schatz.""

„Was?" sächt der Bohrer, un' hot große Auge' gemacht, „zu ihr'm Schatz? ja hot bann die 'n Schatz?!"

„„Freilich, un' du werscht dich noch mehr verwunnere', wann ich bir sag', daß der Schatz unser Neveu, der Fritz Bohrer is, über den be dich so oft geärgert hoscht, sie hot mer's grad selber g'sacht.""

„Nit möglich, der nixnutzige Fritz! ja wie kummt se bann an ben, un' was soll bann bo b'raus werre?"

„„Ich weeß' beß Nähere nit, sie war so a'gegriffe', wie mer b'rüber zu redde' kumme sin', daß ich nor erfahre' hab', er wär' jetz' recht brav, un' wär' Verwalter uff eme Gut un' 's wäre' Anständ' wege' der Heurathserlaubniß; ich denk' mer wohl, sie hot aach dich mit gemeent, du sollscht halt dem Neveu verzeihe' un' dich wiedder mit 'm versöhne', beß werd's wohl gewest' sei', aber sie hot sich's nit zu sage getraut, bann sie will mer schreibe', hot se g'sagt, wahrscheinlich aus dem Grund. Viel werd' er nit habe', un' sie, der arme Narr, hot gar nix, un' bo meen' ich, mir sollte ihr e' Aussteuer gebe', ach 's is mer leed, wann se fortgeht.""

„Die Gränk, mir aach," sächt der Bohrer, „ich hab' se lieber als se meent — jetz' guck emol die G'schichte! No! 's is gut, noch Tisch werr' ich selber froge, was es bann mit dem Neveu bo is, den mer schun schier vergesse habe'."

„Ja thu's", sächt die Rahm, „aber gel' manierlich und freundlich", — un' so is se 'naus.

„Guck' emol des Marieche", sächt der Bohrer, wie er allee war; „wer hätt' ihr beß a'gsehe', ja stille Wasser sin' tief, heest's. Dunnerwetter, do hätt' ich hübsch 'neipatsche' könne' un' mich blamire'; was bin ich so froh, daß ich nit 'raus bin mit der Sproch, beß wär' e' recht ärgerlicher Fehlschuß geweft. Deß gute Kind, ja wann se nor glücklich werb', in Gottes Name'".

Un' die Gesellschaft is mit ere gewisse Spannung zum Diner kumme', nor der Fritz hot vun benne Er= klärunge' nir gewißt, weil er be' ganze' Morge' in der Oekonomie zu thu' g'hat hot. Der war also heiter un' g'sprächig wie gewöhnlich, die Marie aber hot blaß ausg'sehe', un' nor nothgebrunge' gered't.

Do nemmt jetzt bei'm Dessert der alte Bohrer sei' Glas un' stoßt mit der Marie a' un' sächt: „Apropos, Marieche, was hab' ich g'hört, Sie sin' Braut oder wenigstens versproche, un' gar mit mein'm Neveu? un' Sie habe mer nir b'vun g'sacht?" — Un' die Marie hot ihr Schnupptuch for die Aage' g'halte. Der Bohrer aber hot fortgemacht, „daß Se sehe', daß mich als Onkl beß aach 'was a'geht, so will ich Ihne' sage', daß ich Ihr' Aussteuer übernemm', un' daß se sehe', wie e' wilder Jäger gege'über vun so eme liebe Kind, wie Sie sin', gar nit so grimmig is, so will ich aach die Heurathsbewilligung vermittle', aber die Gränk nochemol, ich weeß' gar nir mehr vun bem Neveu' und Sie müsse mer sage', wo bann der Schlingl jetz' is?"

In dem Aageblick springt der Fritz vum Stuhl uff, un' sterzt dem Bohrer zu Füsse'. „Do is der Schlingl, ruft er, o lieber Onkl, ich bin nit der Fritz Keller, ich bin der Fritz Bohrer, un' die Marie is nit mei' Schweschter, sie is mei' Braut, o verzeih'n Se, die Noth und die Lieb' habe's gemacht, daß mer nit g'sacht habe, wer mir sin', o verzeih'n Se lieber Onkl, liebi Tant!"

Un' die Marie is der Rahm um be' Hals g'falle', un' is so e' schrecklichi Rührung überall g'west, daß der alte Bohrer, der jetz' Alles g'schwind übersehe', die größcht' Noth g'hat hot, zu beschwichtige' un' Ei'halt zu thu', dann die Rührunge' hot er nit leide' könne', un' war doch selber vum e' gar weeche' Gemüth. „Seid doch ruhig", hot er gerufe', „mir kenne' euch jo jetz' genug, un' s'war jo doch nor e' Comödie widder Wille', also ruhig, un' Fritz verzähl' un' Marieche', trinke Se doch, daß Se wiedder zu Kräfte' kumme?" Und hot der Fritz Alles verzählt vun ihre Ab'n'teuer un' Noth und Sorge', un' bal' is wiedder überall blauer Himmel gewest, un' habe die Alte' herzlich lache müsse', wie se g'hört, daß die G'schicht mit dem Worschtl, anfangs 'm Fritz sei' Unglück, endlich in sei' Glück umg'schlage' is.

In verzehn Tag' druff war großi Hochzeit, un' habe' all' vergnügt minanner gelebt wie vorher, un' der Fritz un' die Marie natürlich noch vergnügter.

’S ’schlof’nde Lottche’.

Wer hot nit seiner Zeit vum Lottche' vun Permasens g'hört? Die war weit 'rum berühmt wege' ihrer Schönheit un' aach wege' ihrer Artigkeit un' Freundlichkeit, dann deß geht über alles Schö'sey' un' an der Schönheit allee, wann eeni pumpsich un' wibberwärtig is, hot mer bal' genuch. Um beß Mädche' zu sehe' sin' die junge' Leut' oft stunde'weit geloffe' un' wer gar bei eme Ball mit ihr hot tanze' derfe', der war im siebe'te' Himm'l. Alles hot ihr die Cour gemacht un' vun be' beschte Familie' habe' sich Freier ei'gstellt und sie hot nor die Hand ausstrecke' derfe', so is an jedem Finger eener g'hängt. 'S Lottche' hot beim e' alte' reiche' Onkl gewohnt, un' weil er se so gern ghat hot, so hätt' se wähle' könne' wie sie gewollt hätt' un' nor e' eenzige Bedingung hot er for sei'. Ei'willigung gemacht. Es is bo brmit e' g'schpaßigi G'schicht geweft.

Deß Lottche' nähmlich hot die Gewohnheit g'hat, noch 'm Nachtesse', wann's uff zehn Uhr gange' is, schläfrig zu werre, un' obwohl's nie an G'sellschaft g'fehlt hot, bann e' paar Herrn vun Permasens mit ihre Fraue' sin' schier jebe Abe'b zum e' Spielche kumme' un' beim Souper gebliebe', obwohl also e' A'sprach geweſt wär', ſo hot ſe doch gege' halber elfe regelmäßig die Läbe' vun ihre ſchöne' Aage zugemacht un' is ei'gebuſlt.

Jetz' hot ſich der Onkl die Marotte in de' Kopp g'ſetzt, daß nor derjenige e' verläſſiger Mann for's Lottche' wär', bei dem ſe nit wie gewöhnlich ei'ſchloft, dann ſchloft ſe, hot er ſich g'ſagt, ſo hot ſe ke' Intreſſe for den, der nebe' ihr ſitzt un' der doch ſei' möglichſchtes thut, um ſe zu unnerhalte'. Dem Lottche' hot er deß juſcht nit g'ſacht, aber die Freier habe's unner der Hand erfahre' un' manch'm, bei dem ſe ſo ei'g'ſchloſe' is, hot der Onkl ganz deutlich zu verſteh' gebe', daß er nor weitergeh' ſoll un' ſoll ſei' Bewerbung ſey' loſſe'.

Es war aach grad als wann deß Mädche' vum Heurathe' ſei' lebtag nix wiſſe' wollt' un' als wann ihr deß ganze' Männerg'ſchlecht zuwibber un' gleichgiltig wär'. Un' doch hot ſe als e' ſechzeh'jähriges Kind 'n junge' Menſche', der öfters in's Haus 'kumme' is, gar gern g'ſehe'. Der junge Herr hot Carl Cetti gheeſe', is ſpäter mit ſeine Eltre', deß reiche Leut' ware', zu Verwandte an de' Niederrhein gezoge' un' hot do g'heurat'. Mer hot nocher vun der ganze Famill' nix mer g'hört.

Wann's Lottche' in de' Garte' gange' is, oft ſo allee' for ſich, ſo ſin' ihr als die Spaziergäng' mit dem Cetti ei'gfalle' un' ſie hot nit recht gewißt warum ſe drbei ſchier traurig worre' is. Un' jetz' hätt' ſe

heurate' folle', der Onkl hätt's gern g'fehe', aber 's
hot ihr halt gar kenner g'falle'.

Do fin' uffemol vier Werber minanner kumme',
charmante Leut' un' vun gute' Häufer empfohle'. Der
ee' is e' Graf geweft, hot Pappe'berg g'heefe', vun ere
alte' Famill', der anner' war e' Baron Leonhard, der
dritte e' berühmter Doctor, Herr Dittl vun Germers=
heim un' der vierte e' Rittmeefchter, Herr vun Grünewald.

Die Herrn habe dem alte Onkl fei' Raupe' wohl
gekennt un' fich uff den Abe'b, wo jeder beim Lottche'
hot fitze' derfe, vorbereit', wie e' Schaufpieler, der
zum erfchtemol for's Publicum kummt; e' paar habe'
fogar beß Kammermädche' vun der Fräule hin= un'
herg'frocht, was noch ihr'm Guschto wär un' was
fe int'reffire' könnt', um ihr Bekanntfchafte un' fo fort.

Beim Mittageffe' un' funfcht hot natürlich aach
jeder des Seinige getha', um' fich hübfch zu mache' un'
zu g'falle'.

Un fo fin' dann die verhängnißvolle' Abe'b kumme'
un' bererfcht hot's be' Graf Pappe'berg getroffe' bei
dem fchöne Lottche' zu fitze'. Der Pappe'berg, e' feiner
hübfcher Mann, war e' Enthufiafcht for die Mufik un'
e' großer Freund un' Kenner vun der Poefie, hot aach
felber Vers gemacht. Im A'fang is vun Beethoven
un' Mozart, vun Weber un' Mayerbeer geredt worre',
un' nocher vun Schiller un' Göthe, vun Uhland un'
Geibl un' annere Poete', recht lebhaft un' geifchtreich,
un' beß is prächtig fo fortgange' bis gege' zehn Uhr'

Do hot der Pappe'berg gedenkt, die Conversation thät
doch pikanter werre, wann er uff sei' Absichte' aach
kleene A'spielunge ei'mische thät', un' so hot er a'gfangt
die Heine'sche Lieder zu lobe' un' sächt mit eme gar
zärtliche' Blick, wie hübsch beß eene a'fangt.

    „Du hast Diamanten und Perlen
    Hast alles was Menschenbegehr
    Und hast die schönsten Augen
    Mein Liebchen was willst du mehr."

Un' dernocher sächt er wie wohr beß wär', wo der
Heine vum Bild seiner Geliebte' traamt un' sächt

    „Doch mit dem Traum des Morgens
    Verrinnt es nimmermehr,
    Ich trag es dann im Herzen
    Den ganzen Tag umher."

Daß er so vum traame' un' schlofe gered't hot,
war e' unglücklicher Gedanke', dann 's hot wie e'
A'steckung uff beß Mädche' gewirkt un' obwohl se noch
g'sacht hot „Sie habe' recht, deß is ganz hübsch", so
hot se doch Schlof 'kriecht un' obwohl der Pappe'berg
g'schwind aus der Sentimentalität 'rausg'sprunge' is
un' hot vun dem boshafte Atta Troll 'was verzähle'
wolle', so war's doch zu spät un' 's Lottche' hot
g'schlofe', bis Alles auseanner 'gange is. — Der
Pappe'berg is de' annere Tag abgereest. —

Am selle' Abe'd is jetz' der Baron Leonhard an
die Reih kumme'. Deß war e' großer Jäger un' hot
ganz frisch vun der Jagd a'gfange' un' vum luschtige
Jägerlebe', hot aach die englische Fuchsjagde' citirt,
wo sich die Lords wege' eme Fuchsschwanz heroisch die

Häls’ breche un’ hot’s recht lebendig g’schildert un’ ausgemolt. Dernocher hot er verzählt, daß aach Dame’ oft gejagt habe’ wie die Maria vun Burgund, die Catharina vun Medicis, die Anna vun Baujeu u. s. f. Die altritterliche’ Falke’jagde’ sin’ natürlich aach nit vergesse’ worre un’ was do for herrliche Gelegeheite’ for Liebende ware’, sich so gleichsam im Galopp zu verständige’, was in unserer Zeit leider nimmer mög= lich wär’. Er hot aach allerhand Jagdabenteuer erlebt’ die er zum beschte gebe’ hot un’ weil er emol im bayrische’ Geberg e’ Gems g’schoße’ hot, so hot er an ere Bouteill’ uff’m Tisch gezeigt, wie er hot nuff’= grable’ müsse’ un’ ausenannergsetzt was so e’ Jagd poetisch un’ g’fährlich wär’. ’S Lottche’ hot mit In= tresse zughört, er hots wenigschtens gemeent, un’ so is er dann vun der Gemsjagd uff’s Alpe’lebe’ un’ uff die Sennerinne’ übergange’ un’ is mit der gröschte Hoffnung gege’ zehn Uhr’ uff die Alpe’lieder kumme’.

„Daß sin’ sinnige Liedcher, hot er gsacht, aber schwer zu versteh’, dann deß Oberbayerische is e’ serch= terlichi Sproch. Ich kann Ihne’ sage’, Fräule Char= lotte, daß ich lang gebraucht hab’, bis ich so e’ Liedche in e’ ordentliches Deutsch hab’ übersetze’ könne’. Gebe Se Acht, e’ paar laute’ so. Es singt zum Beispiel’ e’ Mädche’:

„Mei’ Herzche’ is treu,
Is e’ Schlößche drbei
Un’ e’ eenziger Bu
Hot de’ Schlüßl drzu.“

Ober e' junger Borsch:

> „Em Mädche' sei' Herz
> Kann ich nit ergründe',
> Ich wollt lieber en' Penning
> Im Sch'lierſee finne'."

Recht b'ſunners is aach beß, ſächt er:

> „Zwee schneeweiße Täubcher
> Fliege' über mei' Haus,
> Der Schatz, der mer b'ſtimmt is,
> Der bleibt mer nit aus."

„No', ſächt 's Lottche un' hot e' bische gegähnt brzu, bo ſin' Se jo gut bra', wann Ihne der b'ſtimmte Schatz nit ausbleibt." Do hot er noch ganz verlege' 'was vun Zweifl vorgebracht un' vun' Hoffnung, un' ſie wüßt' ſchun, uff wen's a'käm', aber o weh, 's Lottche' hot die Aage' nimmer uffgebracht un' alli Müh' war umsunſcht. — Leben Se wohl, Herr vun Leonhard! —

De' nächſchte Abe'b is der Doctor Dittl ei'gelade' worre', bei der Fräule' zu ſitze'. Der hot uff ratio=nellem Weg, nit ſo per Zufall, ſei' Glück mache' wolle' un' hot ſich 'was ausſtudirt, die Nerve' a'zurege' un' ſo deß fatale Ei'ſchlofe' am holbe Gegnſtand ſeiner Verehrung zu überwinde'. Die Converſation war kaam im Gang, ſo bringt er de' Somnambulismus un' die Geiſchterſeherei uff's Tapet.

„Was is Ihr' Meenung, Fräule', ſächt er, glaube' Se an Geiſchter?"

„„Warum nit, sächt 's Lottche', 's hot doch jeder Mensch sein' Geischt der in 'm wohnt.""

„Ja beß is schun recht, sächt der Docter, es handlt sich aber drum ob der Geischt noch rumwandle' kann, wann der Mensch nimmer is?"

„„Ei ja gewiß, sächt se, er geht jo nit zu Grund un' weil er ohne Leib gar leicht un' beweglich sey' muß, so denk' ich mer, werd er sich die Welt erscht recht a'gucke', dann die Welt is schö' un' der sogenannte geistige Genuß steht jo über jedem annere.""

„Eigene Philosophie, mein Fräulein, aber glauben Se, dann beß is bei unser'm Thema die Hauptsach', glauben Se, daß mer 'n Geischt sehe' kann, werklich sehe', wisse' Se?"

„„Ei, Herr Doctor, lacht se, habe' Se schun emol en' Gedanke' spazire' geh' sehe'?"

„Ja wohl, sächt der Docter lebhaft, mein' liebschte' Gedanke' hab' ich heut' Morge' im Garte' spazire' geh' sehe' (do hot er 's Lottche' mit gemeent), un' wann Gedanke' sich so zeige' könne', so meen ich, kann mer dem Juschtinus Kerner nit Unrecht gebe', wann er vun Geischtererscheinunge' red't. Do is sei' Buch vun der Seherinn vun Prevorscht höchst merkwürdig, Sie habe's doch gelese'?"

„„Nee', Herr Docter, ich les' so Sache' nit, wann ich doch über die gewöhnlich' Welt 'nausgeh' will, so les' ich lieber e' hübsches Gedicht, beß schwebt jo aach über dem materielle' Erdbobbem, aber nit wie e'

Boge' grau' Fließpapier den e' Storm im Nebel 'rumwerft, sondern wie e' freundlich' farbigi Blüh', mit der die Luft im Frühjohr spielt."«

„Charmant, sächt der Doctor, un' denkt sich, beß Ding geht prächtig, nor fort uff bem Thema!" un' um se recht zu animire' hot er mit Artigkeit e' bische wibbersproche' un' verzählt nocher e' Geischterg'schicht', die 'm selber passirt is. Deß Fräule' hot e' Weil zug'hört un' der Docter hot während bem Verzähle' die G'schicht als wichtiger un' wichtiger mache' wolle', daß es e' langi' Brüh worre' is, aber zu sein'm größte Schrecke' sinkt bem Lottche' beß schläfrige Köppche', wie er grab als Haupteffect sein' Geischt hot erscheine' losse' wolle'. Aus war's, der Docter is ke' Mann for beß Mädche'.

Uff ben Rittmeeschter Grünewald hot zwar der Hausherr selber ke' b'sunners Vertraue' g'hat, dann der hot nit gar viel gered't, daß er aber 's Lottche' mit Liebespassion betracht' hot, deß hot der Alte wohl gemerkt un' hot sich im Stille' gewünscht, daß er ihr g'falle' soll, dann 's war e' hübscher Mann un' vum e' noble' Benehme'.

Der Abe'd is kumme' un' er is beim Lottche' g'seße' un' is vun' allerhand gered't worre', eweil so sprungweis hi' un' her wie beß so geht. Is bann 's G'spräch aach uff be' Krieg kumme' un' hot 's Lottche' gemeent, baß mer bo oft schreckliche Ueberraschunge' erlebe müßt', wann der Feind, wie mer's oft gelese' hot, 'n plötzliche' Ueberfall macht obber so 'was.

„Ja sehen Se, Fräule' Lottche', sächt der Rittmeeschter, was so Schrecke' betrefft, so kann mer die im tiefschte' Friede' grad so erlebe' wie im Krieg. Do hab' ich emol mit meiner Schweschter e' Avantür' g'hat, daß ich's mei' lebtag nit vergeß'. Wie mei' Schweschter sechzeh' Johr alt war, habe' mer 'n Gärtner uff unser'm Landgut g'hat, beß is e' böser Mensch gewest un' alls mehr betrunke' als nüchtern. Mei' Schweschter war e' gar schö' Mädche' un' der freche Gärtner hot e' Aag' uff se geworfe' un, wie se sich emol e' Bouquet geplückt hot, so kummt er drher un' helft mit un' faßt se uffemol an der Hand un' guckt se ganz leidenschaftlich a'. Mei' Schwester war natürlich indignirt, reißt sich los un' sächt 'm noch gutmüthig genug, wann er sich beß nochemol unnersteh' thät, so thät se 's 'm Vater sage' un' müßt' er aus 'm Dienscht." —

„„Curios, sächt 's Lottche', schier beß nähmliche hab' ich emol erlebt.""

„No so höre' Se. Uff beß sächt der Gärtner grad 'raus, wann se 'n nit liebe' wollt, so thät er se umbringe'."

„„Wie sonderbar, sächt 's Lottche' ganz erstaunt, erzähle Se, erzähle Se,"" — un' obwohl 's schun uff halber elfe 'gange' is, hot se den Erzähler mit größchter Spannung a'geguckt.

„Die Hauptsach' kummt erscht, fahrt der Rittmeeschter fort. Wie der freche Mensch so gedroht hot, is mei' Schwester, was se gekönnt', brou'geloffe' un' hot's 'm Vater gsagt. Der Mensch is entlasse' worre' un' bal' bruff hot mer g'hört, daß er wahnsinnig worre' is un' baß mern hot ei'sperre' müsse'. Jet' denke' Se, etliche Woche' b'ruff geh' ich mit der Schwester im Garte' spazire' un' kumme' mer an e' stilles schattiges Plätzche', wo e' Amorche uff emme Poschtament g'stanne' is ganz umwachse' vun wilde Rose'."

„"Ja was is beß, sächt 's Lottche', ich bin unge= heuer gspannt."" —

„No' bo will mei' Schwester Rose plücke' un' usse= mol rauscht's in be' Büsch' un' denke Se ben Schrecke', fahrt der narrige Gärtner 'raus mit Heule' un' Zähn= fletsche' uff beß Mädche." —

„"Um Gotteswille', kreischt jet' 's Lottche', un' Sie habe' se gerett' un' Sie sin' der Carl Cetti, mei' lieber, lieber Freund, der Carl!""

„Ja, liebes Lottche', ruft jet' der junge Mann un' faßt se zärtlich bei der Hand, ich bin's un' Sie ware' beß Mädche', gel 'e Se, beß ich sellemol zu rette so glücklich gewest bin."

„"Ach Gott, aber lieber Carl, for was bann beß Incognito, warum sich bann so verstelle?"".

„Ja sehen Se, gutes Lottche', ich wollt wisse', ob se noch freundlich an mich benke', b'rum hab' ich mich als en' Fremde' vorgstellt, bann baß Se mich mit mein'm Schnorrbart nimmer kenne', hab' ich mer wohl gebenkt."

„Wahrhaftig der Carl, ruft jetz' der Onkl, was e' Ueberraschung, mir habe' jo nir mehr vun Ihne' g'hört, seit Se g'heurat' habe', 's muß jo über fünf Johr sey'."

„Verzeihen Se, sächt der Carl, ich hab' nit g'heurat', deß is e' Bruder vun mer geweft, aber ich will heurate' un' 's Lottche' will ich heurate', wann se mich nemmt, dann weeß' Gott ich hab' se alls noch so gern wie sellemol, wo mer als halbe Kinner beinanner ware."

Un' 's Lottche' gebt 'm ohne Zaubre' die Hand, sie falle' sich um be' Hals un' der Alte hot Bravo über Bravo gerufe', un war e' großer Jubl im ganze Haus. Is dann aach bal' bruff e' prächtigi Hochzeit geweft. —

Deß is die G'schicht' vum schlofende' Lottche' un' is e' Exempl, daß es ke wohrer's Sprichwort uff der Welt git, als „Alti Lieb' roscht nit." —

Die Käfer's.

v. Kobell, Pfälzische G'schichte'.

1.

In Speier hot emol e' vermöglicher Mann gewohnt mit ere hübsche Tochter. Deß war der Herr Karl Käfer un' die Tochter hot Frens gheese', un' der Herr Käfer hot viel Geld g'hat, nir zu thu', hot aach nir thu' möge' un' hot halt mit Esse un' Trinke', Spatzire'= geh' un' Romanlese so fortvegetirt. 'S Frensche war e' nieblich' Ding un' hot e' kleeni Liebschaft mit eme Weinhändler, eme gewiße Blum, g'hat, un' wie's mit denne Liebschafte' halt geht, so is beß Flämmche' bal' e' Flamm worre' un' die Herze' habe' sich hübe' un' brübe' als mehr un' mehr verhitzt. Natürlich hot beß Pärche' heurate' wolle', bo hot's aber g'happert, dann der Alte, der wohl 'was gemerkt habe' muß, hot öfters zum Frensche' g'sagt, zum Heurate' hätt' der Blum nit Vermöge' genug un' müßt' erscht 'was werre. Er hot überhaupt e' anner' Project g'hat un' hätt' gern beß Frens an 'n alte Geldsack verheurat' un' bo war natürlich der junge Blum e' gar widderwärtiges Hin= nerniß. Daß er aber in's Haus kumme is, hot er boch nit gut wehre' könne', bann die alte' Blum's, die in Worms gewohnt habe', un' die Käfers sin vun je befreund't gewest un' ware' allerhand Rücksichte. —

Wann dann die junge Leut oft verstohlens im Garte', der hinner'm Haus gewest is, zammakumma sin un' habe' sich Zärtlichkeite' gsagt un' derzwische aach Küßcher gewechselt, so hot 's Frensche alls tief gseufzt un' ihr'm Louis, so hot der Blum gheese', vorgejammert: „Ach lieber Louis, wie werd beß noch mit uns werre', mei' Vater will nir von der Heurat wisse', o lieber Louis, gel' du verloscht mich nit, aach wann be beß thätscht, ich thät in's Wasser springe'." Un' do sin ihr die Thräne in be' Aage' gstanne' un' der Louis hot se weggeküßt un' gschwore', daß er treu bleibt, un' hot se getröscht, un' er hätt' juscht e' groß' G'schäft mit seine Wei', is könnt' nit fehle'. „Sich! sächt er, liebes Kind, die nächst' Woch' soll ich Probe' zum alte Guckes nach Frankfort bringe' un' sin' se' 'm recht, schreibt er, so is mei' Glück gemacht, dann er könn' viel, recht viel brauche. Ich wees aber gewiß, daß 'm mei' Wei' schmecke', b'rum sei ganz ruhich, liebi Seel, du werscht sehe', daß ich als Hauptlieferant vum Guckes zurückkum'." So hot er se getröscht. O du goldiger Guckes, hot 's Frensche nocher g'sagt, als wann se zum e' Heilige' bete thät, du werscht uns jo helfe in unsrer Noth un' war ihr Gedanke' Tag un' Nacht ebeso der alte Guckes wie ihr junger Louis.

In's Haus is noch e' Jugenfreund vum Käfer kumme, der Herr Hildebrand, e' guter Kerl, der 's Frens als e' klee' Kind schun gern g'hat un' jetz' beß Liebesverhältniß bal' gemerkt hot. Dem wär' die Heurat

ganz vernünftig vorkumme un' hot aach beim Käfer
emol drum 'rum gered't, der aber hot korz hi'geworfe':
„Is ke' Parthie for se" un' da war nir mehr zu
mache'. —

So is dann ee' Tag wie der annere 'rumgange'
un' hot sich nix nit recht vorwärts un' ruckwärts be-
wegt, bis uffemol e' G'schicht drherkumma is, die den
phlegmatische Käfer un' 's Frens un' de' Blum, un'
's ganze Haus in gewaltige Motione' gebracht hot.
Deß war so. Der Käfer hot 'n Brief vun seiner
alte Mutter 'kriecht, die for gewöhnlich in Mannheim
gewohnt hot un' do schreibt se, daß se uff B'such
kumme woll' for etliche Woche un' mer möcht' ihr deß
Zimmer ebener Erd, wo se schun öfter gewohnt hot,
herrichte' losse. In dem Zimmer hot derweil der Ge-
orge, der Bediente vum Käfer, gewohnt un' is also
dem g'sacht worre, er soll ausziehe' in e' Stübche
nebe 'm Stall im Hof. Do kummt jetz' der George
ganz blaß un' verwerrt zum Käfer un' sächt, er dank'
Gott, daß er aus dem Zimmer käm', aber for die alt'
Fraa' wär's aach nir brunne, bann, bann — „No' was
bann, sächt der Käfer, bischt be verruckt, was soll bann
deß ängstliche G'stotter, so rebb'." „„Ja sehen Se,
Herr Käfer, ich weeß schun warum ich stotter' un' in
Aengschte' bin, verstehen Se mich.““ „Ei die Grenk
nochemol, aber ich weeß' nir, was, Dunnerwetter, is
bann gscheh'?" Un der George sächt jetz' ganz still
un' mit zitternber Stimm': „Herr Käfer, in bem Zimmer

is es nit richtig, do geht's um, ich bitt' Ihne' um Gotteswille', losse' Se die Fraa Mutter nit do 'neiziehe'."

„„Was?! (fahrt der Käfer zama) Umgeh? Geischter, Gschpenschter?! Verschreck' mich nit George, was hoscht de' dann g'sehe?""

„G'sehe? Meene' dann Sie daß mir d'rum is so Unbinger vun Gschpenschter sehe' zu wolle', ich sag' Ihne', ich hab' mer so genug g'hört, daß mer alli Luscht zum sehe' vergange' is. 'S is seit 8 Täg' heut Nacht zum zweetemol gewest, daß es, un 's werb nit fehle' grad um zwölfe', en' Schlag getha' hot als wann 's Haus zammafalle' thät un' druff e' Kette'gerassl, schauerlich, sag' ich Ihne'. 'S erschtemol hab' ich g'meent, ich hätt' getraamt, aber nir, un' ich hab' Alles unnersucht, es geht um, un' nit um viel tause'b Gulde' thät ich länger in dem Zimmer bleibe."

Der George war sunscht e' resoluter Mensch, is lang Soldat gewest, un' dem Herr Käser is es eiskalt über de' Buckl nunner gegrußlt un' hot nit gewißt was er sage' soll, dann daß der George ke' Späß' macht, hot er wohl g'sehe'. Endlich sächt er, aber 's is 'm nit vun Herze' gange: „Ei paperlapap, mei' lieber George, was soll do uffemol umgeh', jetz' wohn' ich schier dreißig Johr' in dem Haus, 's kummt ke' Mensch 'rei als höchschtns mei Hausherr, e' kreuzbraver Mann, der alle Abe'b uff der Poscht sei fünf, sechs, Schoppe trinkt un' mit eme Dußl heemgeht, un' überhaupt die Zeite' mit denne Geischter sin' vorbei. D'rum mach' kenn Spetakl un' sag nir, ich werr' die Gschicht' unnersuche'." „„Wege' meiner, ich hab's Ihne gsacht, sächt der George, un' geht."" Der Käfer hot sich aber allerhand Gedanke' gemacht, hot wohl beß Zimmer visitire' wolle', hot's aber bis noch 'm Esse verschobe' un' nocher bis uff de annere Tag, weil's schun e' bische dunkl worre' is, un' corios, juscht wie er selli Nacht hot ei'schlofe' wolle', meent er, er thät aach was höre' brunne' un' hot 'n gfröschtlt als wann er e' Fieber hätt'. Was es doch for unangenehme Evennements git im Lebe'! un' übermorge' Obe'ds soll die Mutter kumme'. —

De' annere Tag, wie er beim Kaffee sitzt, kummt der Herr Blum drher.

„Gute Morge', Herr Käfer, gel' e Se, ich kumm e' bische früh', Visite' mache', aber wisse' Se, ich rees' heut noch Frankfort, hab noch viel zu thu', wollt' Ihne aber doch Abieu sage' un' froge', ob Se dort nir zu bstelle' habe', ob ich Ihne' nir b'sorche' kann, ich thäts mit 'm gröschte Vergnüge."

„„Dank' Ihne', Herr Blum, ich wüßt nir, wie lang bleibe' Se dann wech?""

„Ich denk', in 8 Täg' bin ich wiedder hier, hab Gschäfte mit mein'm Freund Guckes, 's handelt sich um e' grossi Bstellung vun allerhand Wei' noch Ruß= land. Mei' Plän' sin' gemacht, un' ich muß reussire', Herr Käfer, beß werre se sehe'."

Un' der Käfer sacht ganz trucka: „No' bo wünsch' ich Ihne' viel Glück, Herr Blum."

Jetz' sächt der: „Aber Herr Käfer, Sie sehe' jo e' bische' a'gegriffe aus, ich kann mer benke' warum, der George hot so was gsacht bum e' Zimmer —"

„„Hot er 's Maul nit halte könne', ich hab' mer's doch gebenkt, ja 's is e' bumme Gschicht'.""

„Ich will Ihne' was sage', sächt der Blum, 's is richtig, die Uffklärung is groß in unserer Zeit un' die Chemie hot enorme Fortschritt' gemacht, un' doch wisse' mer nit Alles, ne ne, mei' lieber Herr Käfer, mir wisse' nit Alles, sag ich Ihne'; es git Naturkräfte un' Erscheinunge' un' Beziehunge', bun benne mer halt nix wisse, bo könne' die Philosophe' bemonstrire' was se wolle'."

„„Ich hab' deß Nähmliche schun oft g'sagt, aber mer werd alls ausgelacht brmit. Höre' Se, lieber Blum, Sie habe' jo Chemie un' allerhand stubirt, wollte Se wohl e' bische' in dem Zimmer sehe, was bann die G'schicht sey' kann, 's wär mer e' Gfalle'."

„„Herr Käfer mit Vergnüge', ich will thu' was ich kann un' ich meen', sächt er un' bsinnt sich e' bische, wann die Combinatione' richtig sin, so werb bal' Ruh werre'."" „Sie werre doch ke' Bschwörung mache, sächt der Käfer ängschtlich, aber mache' Se was Se wolle', ich misch' mich nit 'nei', wann nor Ruh' werb, 's is zu ärgerlich um so unheemlich' Zeug."

„„Habe' Se ke' Sorg, Herr Käfer, aber höre' Se, wenn Se zufriede' mit mer sin un' wann ich gute'

Gschäfte in Frankfort mach' un' als e' vermöglicher Mann wiebber kumm, gebe Se mer 's Frensche, sie liebt mich wahrhaftich un' ich will se gewiß gut halte' un' wie en Engl verehre'. Wolle Se mer beß ver= spreche', Herr Käfer, sunscht freut mich, wees Gott, mei' Lebe' ke'. Stund mehr."'

Dunnerwetter, beß aach noch, benkt der Käfer un' räuschpert sich voller Verlege'heit als wann er sich ver= schluckt hätt', brnocher nemmt er e' Prif' Tubak un' sächt: „Mei lieber Herr Blum, mir wolle', vun der Sach' emol spreche', wann Se wiebber von Frankfort zurückkumme'."

„„Aber lieber Herr Käfer, was wolle' Se mer, wann ich als e' gemachter Mann wiebber kumm' un' den wiebberwärtige Spuck in dem Zimmer ausstubir' un' beseitig', sehe' Se, ich versprech' vielleicht mehr als ich halte' kann, wann ich's aber halt', o bringe se 's Frens nit in Traurigkeit un' losse' Se mich Ihrn ewig bankbare Schwiegersohn werre'.""

Wann nor beß verbammte Zimmer nit wär', benkt sich der Käfer, bann die Unannehmlichkeite mit Aus= ziehe' un' beß Geschwätz brüber, un brzu des Gejam= mer un' Gemaunz vum Frens, wann er's runb ab= schlagt, — es war erschrecklich, un' so sächt er enblich: „Herr Blum, ich will's zugebe', aber beß sag ich Ihne' wann Se nit Wort halte' in Allem, wohlgemerkt, so will ich nir mehr höre', un' berweil ke' Silb' gege' 's Frens un' Niemanb." Der Blum umarmt 'n

zärtlich un' fort war er, 's könnt' jo den alte Gries=
gram wiedder reue'. Bei sich aber hot er heemlich ge=
lacht über die Geischtergschicht, dann er hot sich nix
anners denke' könne', wo der Spetakl herkumme' sollt',
als vun sei'm junge Champagner, der unner der Stub
im e' Keller, den er gemieth' ghat hot, gelege' is un'
wo alls Flasche' geplatzt sin'. Der George is 'm uff
der Trepp begegnt un' do hot er e' wichtig G'sicht
gemacht un' hot sich in beß Zimmer führe losse', hot
do die Händ' an die Wänd' gelegt un' was for sich
hi'gemormlt, un' hot beim Fortgeh' gsacht „Jetz' wolle'
mer hoffe', daß in Zukunft Ruh seb' werd do drinn."
Drheem aber hot er sei'm Bediente, 'm Jakob, uff=
getrage', er soll den junge Champagner in en annere
Keller lege' un' alte Wein brfor 'nei, es wär for be'
Champagner e' bische zu warm. Un' bruff is er
mit beschte Hoffnunge' noch Frankfort g'fahre'. —

Der Käfer aber hot um Alles nit habe' wolle',
daß die Mutter vun bere Gschpenschtergschicht was er=
fahrt un' baß er sich geforchte hot un' war 'm bang,
der George könnt' 'was brüber schwätze'. Un' so hot
er den gege' Obe'b nochemol vorgenumme' un' hot
'm gsacht, 's hätt sich jetz' gfunne was Ursach an dem
nächtliche Gepolter wär, dann — wie 's Frens mit
der Magd, der Kathrin', beß Zimmer in Ordnung
gebracht, do hätte' se e' Katz aus eme Winkl gejagt,
die müßt' bei der Nacht was umgschmisse' habe', beß
wär die ganz' Gschicht'. Der George hot freilich be'

Kopp g'schüttlt, hot aber nir sage' derfe'. Un' die alt
Fraa Käfer is wohlbehalte' a'kumma un' mit viel
Begrüßung un' Gebabl in beß gewisse Zimmer g'führt
worre'. —

2.

Die Fraa Käfer war tief in de' sechzig, aber an
Lebendigkeit alls noch bei der Heck un' grad 's Gege'=
theil vun ihr'm Sohn, sie hot for e' halbi Gelehrti
gegolte un' viel gelese' un' aach gern e' bische dick mit
getha'. Die Fraa hot in dem ominöse Zimmer präch=
tich gschlofe un' de annere Tag war se die erscht in
der Stub, wo g'frühstückt worre is. Do hot die
Kathrin die Tasse hergericht' un' der George mit ere
Gießkann bei de' Blume' am Fenschter zu thu' g'hat.
Die Kathrin' sächt: „Schöne gute Morge', habe 'Se
gut gschlofe, Fraa Käfer?" „„Dank schö', ganz präch=
tich."" „Un' sin gar nit uffgeweckt worre'?" „„Kenn'
Aageblick, warum dann Kathrin?"" „No' ich hab nor
so gemeent." — Un' wie die wiebber was holt in der
Küch', frogt aach der George: „Un' habe gar nir
g'hört Fraa Käfer?" „„Ja was hätt' ich dann höre'
solle?"" „Ich hab' nor so gemeent," sächt der aach.
Un wie der Käfer kumme' is, hot er aach gfrocht wie
die anner un' is beß der alte Fraa wohl uffgfalle',
hot aber nischt nir gsacht. Deß is aber schier alle
Tag un' bsunners vum George die nähmlich' ver=
wunnerlich' Frogerei gewest, un' endlich sächt die Fraa

Käfer: „George, sag' Er doch was soll bann deß ewige Froge' bedeute' ob ich nir g'hört hätt' bei der Nacht, was is bann beß?" Un' der George vertraut ihr heemlich· sei' Erlebnuß. „Du lieber Himmel, sächt er nocher, beß hätt ich mei' Lebtag nit geglaabt, daß der Herr Blum in so Sache bewannert is, un' 's grußlt mich wann ich bra' denk'. Dann ich will Ihne' noch sage, der Mammsell Frens hot er aach be' Kopp verruckt, ja ja, der alte George merkt Alles, wann er aach nit bergleiche' thut. Un' ich bleib' halt 'rbei, 's geht doch um." Do sächt die Käfer e' bische ärgerlich: „Mei' geh' mer eweck mit bem bumme' Zeug, was sächt bann mei' Sohn?"

Un' der George zuckt die Achsle „E' Katz hätt' ben Spetakl gemacht, hot er mer weiß mache' wolle', ja wohl e' Katz, aber was for eeni, Gott bewahr' em brfor, aber wisse' Se Madame Käfer, er glaabt selber nit an die Katz, un' er thät' um ke' Geld allee' in beß Zimmer geh', beß hab' ich wohl merke' könne'."

„Mei' lieber George', sächt die alt' Fraa ganz pikirt, bhalt' Er sei' Hischtör'cher for sich, beß rooth ich 'm, bann es is nir als Ei'bildung un' ich will ke' Gschwätz über so Sache' in meiner Famill, versteht Er mich." Un' loßt 'n steh' un' geht in die Stub' zu ihr'm Sohn un' fahrt ben a', daß er ganz verschrocke' is.

„Was muß ich bann so höre' bun mein'm Zimmer, Gschpenschtergschichte', Geischterbanne'? was soll beß heese', was mer der George verzählt hot? Ich will nit hoffe, mei' lieber Karl, daß be so Sache' glaabscht, un' mit so Dumheite' unser Famill blamirscht un' bei' alti Mutter! beß wär' wahrhaftich e' Schand!"

„Ich, ich? stottert der Käfer, ich glaab' jo nix, hab' jo gar nix g'sacht, was mache' Se bann Spetakl wege' bem eefältige' George bo?"

„„Is genug, daß be bich so vergesse kannscht, eme Mann wie der Herr Blum was b'rüber vorzeschwätze' un' 's hot ganz be' Anschein, baß be' 'n noch consultirt hoscht, was muß der Mann benke? baß be' ke' Genie bischt, mei' lieber Karl, beß weeß ich, Gott sey's ge= klaagt, lang genug, aber, nemm mers nit übl, for so bumm hätt' ich dich doch nit g'halte'."" Ganz ver= schrocke' sächt der Käfer: „Ja du lieber Himml, beß sin lauter Phantasiee', ich hab' zum Spaß wohl bem Blum brvun gsproche', aber nix consultirt ober baß er helfe' soll ober so was, ke' Gebanke'." Un' so hot er geloge' was möglich war um die alt' Fraa wiebber zu be= ruhige', bann so e' respectabels Familliestück kann e' Haus umkehre', wann se juscht in bie Hitz kummt. Er aber hot sich gebenkt, mit dem Blum werb mer, wann er wiebber zuruck is, vun bere Gschicht' wohl nit nochemol a'fange'. —

Deß Ding war gut. Die alt' Fraa hot bei'm Frensche noch e' bische sonbirt weche' bem Blum, ben se als en' artige Mann selber gekennt hot, un' hot sich ihr Gebanke' gemacht. — Zwee Täg' bruff is e'

große Hitz geweßt, dann 's war im Juli un' die Fraa Käfer hot Nachts in ihrm Zimmer nit recht ei'schlofe' könne' un' hot sich beßwege' noch spät e' Licht a'gezünbt um ze lese'. Alles war ruhich im Haus, der Käfer hot schun lang g'schlofe, der George un' die Kathrin aach, nor 's Frensche hot noch am e' Brief g'schriebe' an ihren Louis mit tause'b Zärtlichkeite' un' daß es halt mit dem Guckes gut geh' mög', un' daß se alle Tag' de' liebe Gott bitte' thät, daß er benne Nuße' be' Dorscht nit ausgeh' losse' soll un' daß ihne' 'm Blum sei' Wei' besser schmecke' solle' als alles anner' Gewächs un' Fabrikat uff der ganze Welt 2c. — 'S war gege' Mitternacht un' die Käfer hot juscht 's Licht auslösche' wolle', so thuts ufemol 'n Schlag wie e' Pistole'schuß un' zugleich hört se 'n laute' Schrei vun ere weibliche Stimm'. Drnocher war wiebber Alles still. Um Gottes Wille' was is bo gschehe'? benkt die Fraa', faßt sich aber glei' wiebber, schluppt in 'n Schlofrock un' geht 'naus, be' George zu wecke'. Wie se an bem sei' Stub kummt, steht ber schun mit eme Licht vor ber Thür un' sächt mit wackliger Stimm': „Gel' e Se', gel' e Se', jetz' habe' Se's selber g'hört."
„„Was hab' ich g'hört? sächt die Alt', Er werd wohl aach ghört habe', daß e' Mädche' gekrische' hot, bo is Fleesch un' Blut, mei lieber George, aber ke' Gschpenschter un' wann Er nit als e' Hasefuß morge' aus'm Dienscht gejagt sey' will, so nemm Er jetz' 'n Prüchl obber so was un' geh' Er in be' Keller um zu sehe',

was es bu gebe' hot, dann der Spetakl muß bo brunne' geweſt ſey."'

"Ja, ja, Fraa' Käfer, ich meen jetz' aach, ich hätt' e' weibliche Stimm drbei g'hört, un' ſo was ferd)t ich nit." Un' nemmt e' dicki Bohne'ſtang, die im e' Eck g'ſtanne is un geht vor der Käfer her an die Keller= ſtieg'. Die Alt' hot obe' gewart' un' er ſchleicht nunner. Do ſicht er Licht im Keller vum Blum, den er wohl gewißt hot, un' wie er nei' guckt, ſo ſitzt bo 'm Blum ſei' Jakob mit ere' junge Magd aus der Nochberſchaft un' habe e' Flaſch Wei' vor ſich un' lichre' un' trinke'. "Die Grenk nochemol, ſächt jetz' der George un' geht 'nei', was macht Ihr dann for dumme Späß' bo mitte' in der Nacht?" Aber der Jakob winkt 'm ſtill zu ſey' un ſächt: "Lieber George mach' kenn' Lärme', ich ſoll heut noch Wei' ei'packe' for mein' Herrn nooch Frankfort un' 's Lische' war ſo gut mer zu leuchte' drbei un' bo is vun unſerm junge Champagner juſcht e' Flaſch geplatzt un' is deß Lische' b'rüber verſchrocke' un' hot gekriſche', beß is die ganz' Gſchicht." Un gebt 'm 'n Gulbe, daß er ſein'm Herrn nir ſage ſollt, es thät nimmer g'ſchehe', dann der junge Wei' käm' morge' fort, er hätt' 'n ſchun früher 'naus= thu' ſolle', hätt's aber halt vergeſſe'. — No', der George is wiebber die Trepp nuffg'ſtiege un' hot der Fraa Käfer explicirt wie die Gſchicht war, nor hot er ſtatt bem junge' Lische e' alti Putzfraa ſubſtituirt, die beim Blum alls zu thu' ghat hot. Die Käfer war zufriede', hot noch e' bische' gebrummlt un' is wiebber in ihr Nescht un' der George in sein's. —

3.

Natürlich is be' annere Tag viel bun bere nächtliche' Abantür verzählt worre' un' habe' sich der Käfer un' 's Frensche höchlich über die Courage bun der Großmutter gewunnert un' is bie selber stolz bruff gewest. Mer hot viel gelacht un' war recht vergnügt, bsunners aber der Käfer. Do is bann aach der Herr Hildebrand brzu kumme', bem Alles nochemol verzählt worre' is, un' hot der ber Fraa Käfer Cumplimente' gemacht un' gsacht, sie könnt' wohl e' Muschter sei' for viele Männer, bann Courage un' Schnorrbart ginge' nit alls minanner. Wie nocher die Weiber uff ihr Zimmer gange' sin', gebt der Käfer bem Hildebrand e' Cigarr' un' sächt: „Ja mei' lieber Freund, bie Gschicht is mehr werth als be' meenscht, bann jetz' hab' ich beß gewisse Blümche los," un' verzählt was er mit bem nothgebrunge' contrahirt hätt'.

„Sei' Wort hot er nit ghalte', sächt er, bann 's hot wiebber Spetakl gebe', sei' Combinatione' sin bummes Zeug, mir sin' jetz selber brhinner kumme' un' habe' sei' Gelehrsamkeit un' Magie un' was weeß' ich, nit gebraucht, jetz' soll er mer nimmer kumme' mit seiner Bewerbung um's Frens." Dem gute Hildebrand is Leed gewest um bie junge' Leut' un' 's muß 'n ber Gott Amor selber erleucht' habe', bann mit e'

Paar kleene Bemerkunge' hot er dem Käfer sein' Tri=
umph gewaltig niebergebruckt. „'S wär' Alles recht,
sächt er, wann aber der Blum beim Guckes sei'
Gschäfte' glücklich abgemacht hot, un' beß hot er wie
ich vum e' Gschäftsmann g'hört hab', wann also sei'
Auskumme' gsichert is, so is die Gschpenschtergschicht
der eenzige Vorwand ben be hoschst, sein Antrag ab=
zeweise'. Wann be aber beß thuscht, so werb natürlich
Alles bekannt, was vorgange' is, jetz' benk' b'r beß
Dunnerwetter, beß nocher bei der alte Fraa losgeh'
werb, beß möcht ich, weeß' Gott, nit erlebe. Du
weescht jo selber, baß se die Marott hot, baß fie un'
ihr ganzi Famill berühmt sey solle' mit ihrer Uff=
klärung un der Blum werb aus Aerger aach nit spare',
bich als 'n abergläubische Dickkopp hi'zustelle'. Deß
is e' bösi Gschicht'."

Do hot der Käfer ⬛ße Aage gemacht un' mit
ber Faurcht uff bc' Tisch g'schlage. „Die Grenk noch=
emol, recht hoscht be, an baß hab' ich gar nit gebenkt,
's is bach zu arg, was mer Unannehmlichkeite' un' Ver=
bruß habe muß mit so junge Leut."

„„Ja 's is bös,"" sächt ganz ruhig der Hildebrand
un' bloost bie Tubackswolke' for sich hi'.

„Aber, fangt der Käfer wiebber a', kann ich bann
nit sage', ich hätt' bie Gschicht' for 'n Spaß vun
'm genumme?"

„„Deß kannscht be' schun, aber sich! wann's so
spaßich gemacht werb, hoscht be aach kenn Grund,

die Heurat beßwege' abzulehne', sunscht blamirscht de dich wiedder un' die Mutter hot genug g'hört, um's merke', daß be' 'n schwache Moment ghat un die G'schicht' ernschthafter genumme hoscht als de' thu' willscht.""

"Ja, aber was soll ich dann mache? 's is jo zum verzweifle, wann die gut' Mutter nor wiedder fort=reese' thät," jammert der Käfer.

""Die geht jetz' nit fort, sächt der Hildebrand, was ich gemerkt hab', wart' se absichtlich, bis der Blum zuruckkummt, um bei' Benehme' mit 'm Glanz vun ihrer Uffklärung zu paraly'sire'.""

"Deß soll se mache' wie se will, wann's nor nit an mir ausgeht. O lieber Hildebrand, könnt' ich's nor arrangire', daß du drbei bischt, wann's drüber zu Explicatione' kummt."

""Ich will dir was sage' mei' lieber Käfer, ich thät in dem Fall weeß' Gott dem Blum lieber zwee Töchter gebe' als eeni, dann wann de die Mutter ausenanner bringscht, so werscht de bei' Wunner sehe', was deß e' G'schicht' werd, aber probire' könne' mer's, ob nit dorchzukumme' un' do werd's am beschte sey', daß de den Blum, wann er kummt, glei' zum Esse ei'labscht un' mich aach. Die Mutter werd sicher bal' losgeh mit dem G'schpenster=Thema un' seh' ich, daß es krumm geht, so will ich mei' möglischtes thu', die Sach zu tournire', daß se nit merkt, wo's happert, aber beß sag' ich dir, wann's uff's äußerschte kummt, muscht be aach uff's äußerschte gfaßt sey'."" —

Un' drüber kummt die Großmutter un 's Frens in die Stub' un' ot 's Frens der Alte' e' Paar prächtig gstickte Hausschuh' aus eme Papier gewickelt un' als e' klee' Present a'gebete' un' hot die e' rechti Freed g'hat un' 's Frens geküßt. Ueber e' Weil sächt se zum Käfer: „Apropos, lieber Karl, ich hab' ebe' de' Herr Blum über die Stroß geh' sehe', er is vun Frankfort zuruck. Schick doch zu 'm un' lab' 'n zum Esse', ich möcht gern wisse', wie's seiner Schwester, 'm Julche' geht, die noch Amerika g'heurat' hot."

„„Wie Se wünsche',"" sächt der Käfer un' benützt glei' die Gelege'heit aach be Hildebrand ei'zulade un' geht nocher 'naus, be' George fortzeschicke'. Un' die Großmutter hot wie gewöhnlich die Kanarie'vöchl g'füttert un' mit denne geplappert un' der Hildebrand hot zum Frensche' vum Blum was gebischpert, daß die 'n ganz rothe Kopp 'kriecht hot un' is nocher der Tisch hergericht' un' 's Esse' b'sorcht worre', ganz prächtig, dann die alt' Fraa hot's so gewollt un' 's Frens hot's schun wege' ihr'm Louis gern getha'. —

Un' die Eßstund hot endlich g'schlage' un' der Herr Blum is kumme' im schwarze' Frack un' hot rechts un' links sei' Complimente gemacht un' der alte Fraa gar manierlich die Hand geküßt. „O du Pifficus," hot sich der Käfer gedenkt. — Mer setzt sich, un' noch be' erſte Frage' über Frankfort, Reeſe' un' Eiſe'bahn, fangt richtig die Fraa Käfer vun bere ~~fatale~~ Gſchicht' a'. „Mir müſſe' doch 'm Herr Blum unſer Avantür verzähle, ſächt ſe, vun dem gräuliche Rumor, wo be' gute George ſo verſchreckt hot. Ich muß gſteh', wann ich e' bische abergläubiſch wär', ſo hätt' mich der Spetakl in der letztſchte Nacht, weeſ' Gott' allarmire' könne'." Der Blum hot große Aage' gemacht un' ſächt ganz verlege': „Ei wie ſo Fraa Käfer?" „Ja, ja, ſächt die, Sie habe' jo ſchun brvun ghört un' heut Nacht die nähmlich' Gſchicht', aber ich bin dr'hinner kumme', denke' Se, 's war Ihr ungezogener Champagner, der ſich von Zeit zu Zeit de' Spaß gemacht hot, e' Bouteill' zu ſprenge un' beß Gekorchl vun be' Scherbe' uff 'm Bobbm war 'm George ſei' Kette'geraßl, 's is werklich komiſch un' mir habe' viel d'rüber lache' müſſe'." Der Blum war in der gröſchte Verlege'heit un' hot in Gedanke' ſchun den arme Jakob zum Deubl gejagt. „In unſerer Famill, fahrt die Käfer fort, is mit ſo altmobiſche Gſchichte' vun Geiſchter un' Gſchpenſter nit beizukumme', bann Uffklärung war mein'm Mann ſelig ſei' erſchtes Wort bei jeder Gelegenheit un' ich hätt's kemm vun be Kinner rothe' möge', 'n Aberglaabe zu habe, un' wie mei' Mann geweſt is, ſo war ich aach mei' Lebtag. Ich hoff' nit (guckt ſe lächlnb be' Blum a), daß Sie e' Miſchtiker ſin' obber ſo was."

„"Gewiß nit, Fraa Käfer, wann aber e' Verbacht

uff mich falle' foll, fo muß ich mich wohl entschulbige', fehen Se die Gschicht war fo —""

Un' do unnerbrecht 'n der Käfer un' fächt: „wie die Gschicht' war, wiffe mer un' is natürlich ke'mm vun uns ei'gfalle', was Gschpenfterhafts drbei zu fehe', die Urfach' vun dem Spetakl hot aber der Herr Blum zufälligerweis fo wenig errathe' wie ich. Gel' e Se, Herr Blum, fo is es, aber fage' Se, was macht dann der alte Guckes, Sie habe' jo G'fchäfte mit 'm gemacht?"

Un' der Blum zieht 'n Brief 'raus un' übergebt 'n 'm Herr Käfer; der left un' fächt: „Ei, ei, do gratulir' ich, Sie fin Compagnon worre' vum Haus Guckes, do habe' Se e' gut' Gschäft gemacht."

Un der Blum, ganz überwältigt vun Hoffnung un' Angficht wege' feiner Heurat, fächt: „Ja du lieber Himml, beß wär' glücklich gelunge' un' der Herr Käfer werd wege' dem annere Punkt wohl aach gütig fey'" — un' do guckt er erwartungsvoll noch dem Käfer, der ganz verlege' fei' Glas an be' Mund fetzt. Un' die Mutter fächt mit eme unheemliche' Blick: „Was is beß for e' Punkt, Karl? Is es e' Geheimniß?" —

In dem verhängnißvolle' Aage'blick ruft der freund= liche Hildebrand: „Halt! den Punkt loß ich mer nit nemma zu beleuchte' un' zu glorificire', der Haupt= punkt is es im Lebe', heeft Heurate' un' wer werd heurate'? Soll ich losgeh'? ruft er zum Käfer, un' glei bruff: der Herr Blum werd unfer lieb' Fränsche' heurate', Vivat die Brautleut hoch!"

Un' All' fahre' uff vor Ueberraschung, die Aage' noch 'm Käfer gericht' un' der sächt mit eme innrliche Seufzer: „Abgemacht! Ich kann nor allerwärts gratulire'!" Jetz' is e' großer Spetakl gewest mit Embrassement un' Jubl un' Gratulire' un' der Käfer hot nolens volens mitmache' müsse', dann die Fraa Mutter war ganz ei'verstanne' un' vergnügt b'rüber. 'M Blum is gewest als wär er aus be' Wolke' g'falle' un' er hot gar nit begreife' könne', wie der Käfer uffemol über ben eene Punkt so leicht weggange' is, er hätt' aber, wann er aach gewollt hätt', ke' Uffklärung 'kriecht, dann 's is vun nix mehr die Red' gewest als vun der Heurat un' wem mer's sage' un' schreibe' un' ausposaune' müß' un' war in bem Trouble ke' Dunnerwetter mehr zu bforge' vun ber alte Käfer.

Un' so is bann aach bal bie Hochzeit gewest, wo der Blum bei be' Toascht e' wohl ei'studirti Improvisation zum beschte gebe' hot, vun der ich e' paar Strophe' mittheile' will. Unner annere hot er g'sagt:

> Wie, liebe Eltre, dank ich Euch,
> Die mich gemacht so froh,
> Ich meen' ich bin im Himmlreich,
> Mein' Engl hab ich jo.'

> Der Champus hot viel Gut's getha',
> So lang er erischtirt,
> Deß hohe Glück aach knüpt sich bra',
> Deß heut' vor mich florirt.

Drum ihm aach will ich dankbar sey',
Un' wo 's e' Fescht nor git,
Nie fehle' soll der liebe Wei'
Un' juble' soll er mit!

Un' der liebe Wei' hot aach nit g'fehlt un' den gute George so wenig verschreckt wie die annere. Der Name' Champus is aber bei seller Hochzeit zum erschtemol gebraucht worre', weil Champagner nit in be' Vers hot passe' wolle'. Mer muß beß dem Blum als eme' Dillettant im Dichte' verzeihe', dann was e' rechter Poet is, der kummt mit 'm Champagner so gut fort wie mit 'm Champus.

Freund Grogmann.

„Was beß e' Kreuz is um e' Paar junge' Leut', die verliebt fin' un' möchte' fich gern heurate' un' wolle's doch nit zug'fteh', un' wann alls eens for 'm annere fein innigfchte' Wunfch verfteckt, for nix un' wiebber nix. 'S is nit zum a'fehe'!" So hot die alt' Frau Kuchler for fich hi' gebrummelt, wie jufcht e' Kaffeeparthie bei ihr ausenanner gange' is un' ihr Bäsche die Gäscht bis an die Hausthür begleit' hot. Deß ware' e' paar Freundinne aus der Nochbarschaft, un' e' junger Gutsbfiter, der Herr Wagner, ber bem Bäsche schun über's Johr die Cour gemacht hat, ohne fich ordentlich zu erkläre' un' den aach 's Lenche, so hot beß Mäbche g'heese', fichtlich gern g'hat hot, ohne e' Sylb brvun fage' zu wolle'. Es war aach mit benne junge Leut gar nix a'zufange', bann wann mer nor e' bische uff ihr' Verhältniß a'gspielt hot, so is beß Lenche feuerroth aus 'm Zimmer geloffe', un' er hot fich so Späß', wie er g'fagt hot, ernschtlich verbete'. Un' boch habe fe enanner fo gern g'hat, wie e' Paar Täubcher, beß hot mer ihne' an be' Aage a'gfehe'.

Die Frau Kuchler hätt' die Heurat gern g'feheh', um 's Lenche gut verforgt zu wiffe', un' die junge Leut hätte aach in jeder Beziehung zammagepaßt. 'S Lenche war e' hübschi Blondin mit Aage wie Vergiß=

meinnicht, weiß wie Milch un' Blut, e' schlankes großes Mädche' un hot 'n wunnerschöne kleene Fuß g'hat. Sie hot gar schö' singe könne' un' die Guitarre dazu spiele', un' deß hot de' Herr Wagner b'sunners entzückt un' in Extase gebracht. Der war dann aach e' großer schöner Mann mit schwarze Hoor un' schwärmerische dunkelbraune Aage' un' e' Meeschter im Klavierspiele'; e' recht vermöglicher Mann, e' Gutsbesitzer, mit eme eigene Haus, mit Oekonomie und Wei'berg an der Hardt. Die alt' Kuchler hot in der Näh' e' hübsches Anwese' g'hat, un' weil se vun ihrem Mann ke' Kinner g'hat hot, so hot se deß Bäsche in's Haus genumme'. Er, der Kuchler, hot sich wenig um die Werthschaft bekümmert un' war bei allerhand Fabrike' un' Speculatione' betheiligt, so daß er die mehrscht' Zeit uff Reese un' nit drheem geweft is. In deß Kuchlerische Haus is oft e' alter Freund vom Kuchler kumme', e' gewisser Grogmann, e' Wei'händler, der den Wagner gut gekennt un' for 'n G'schäfte gemacht hot. Der kummt dann an dem Tag, wo die Kaffeeparthie gewest ist, vun der ich g'sagt hab', gege' Ab'nd zu der Kuchler un' do klagt halt die alt Fraa wiedder ihr Noth mit 'm Lenche und mit dem Wagner.

„Sehen Se, lieber Grogmann, sächt se, die G'schicht greift mer die Nerve' a', schier alle Tag kummt der Wagner, mit 'm Lenche Musik zu mache', wie er sächt, un' ich kann 's wohl bemerke', wie se kaam die Stund erwarte' kann un' zum Fenschter 'naus guckt, ob er noch nit kummt, un' wie er alls was zu bringe' hat, die schönschte Lieder un' Bouquettcher, un' wie se nocher singt un er accompagnirt, wo se oft enanner a'gucke, als wann se alle zwee verschmelze' wollte'. Un' ke' Erklärung nit hi' und nit her, alls uff dem alte Fleck, 's is um die Gränk zu krieche'. Mir ware' doch aach jung, un' mer is aach nit mit der Thür in's Haus g'falle, aber so e' Gethu is nit vorkumme', die Mäd= cher habe' sich e' bische geziert un' nocher Ja g'sagt un' frisch weg g'heurat', Punctum!" —

Do sächt der Gregmann: „Verhitze' Sie sich nit, Fraa Kuchler' die G'schicht' werd' sich schun mache'; wann emol zwee junge Beem zammawachse', so wachse' se alls feschter zamma, ich meen' aber, wann ich mit dem Wagner ganz ruhig b'rüber red' un' Sie mit 'm Lenche, so müßts'ß ihne' selber lieb sei' un' habe' se sich nor emol gege' uns ausg'sproche, so rebbe' mir for se, beß will ich nocher schun arrangire'."

„Um Gotteswille' nit, sächt ganz heftig die Kuchler, ich hab's jo schun probiert, do verderbe mer mehr als mer gut macha, beß is jo ebe' mei' Verdruß, sie wolle' nir höre' un' nir sage'. Mei Lenche' möcht' wohl oft mit was 'raus, ich seh's ihr a', aber 's werb nir, sie brirt alls rum vun rem' Tag uff de annere un' 's werb halt nir, un' er is e' langweiliger Zeppler, der mit all seiner G'scheitheit un' Musik zu keem Entschluß kumme' kann."

Do lacht der Gregmann un' hockt e' Weil in Ge=

banke', hernocher sächt er: „Ich will Ihne' was sage',
Fraa Kuchler, in dem Aageblick is in der Sach' nix
zu thu', dann der Wagner muß in G'schäfte nothwen=
dig noch Worms, aber in brei Woche', wann er zuruck=
kommt, will ich was probire mit denne junge Leut'
un' ich will nit Grogmann heese', wenn se nit losgeh'n
un' entweder uns e' G'ständniß mache obber sich selber."

„Ach lieber Grogmann, was habe' Se dann vor?
Ich bitt' Ihne, verderbe' Se nor nix, dann beß über=
zarte Liebes=Gebäud' vun denne zwee kummt mer vor
wie e' Karte'haus, beß die Kinner baue'; mit eme
Dupper fallt die Paschtet' 'zamme, sie fange freilich
glei' wiedder zu baue' a', aber 's is for unser eens
doch wahrhaftig e' höchst langweiligi G'schicht, beß
a'zusehe!"

„„Loße Se mich nor mache', sächt der Grogmann
un' halte' Se noch denne drei Woche' wiedder e' Kaffee=
parthie, ich meen' die soll besser ausfalle' als die
letschte!"" Un' somit wünscht er ihr gut' Nacht un' geht,
un' die Fraa Kuchler is ganz verwunnert gewest un'
hot sich nit denke' könne', was er vorhot. Wann's
gelte thät, 'n Spaß zu mache', hat se sich gedenkt, da
wär' der Grogmann schun recht, dann er war for en'
luschtiche Cumpan bekannt, ob er aber in so ere ernscht=
hafte G'schicht' reussire' werd', beß war se gar nit ver=
sichert, aber was war zu macha? —

De' annere Morge' is der Herr Wagner kumme',
um sei' Reeß' anzukünbige' un' Abschied zu nehme'

un' hot wiedder e' großes prächtiges Bouquet mitge=
bracht. 'S Lenche un' die Tant' sin' im Wohnzimmer
am Fenschter g'sehe, un' habe g'strickt.

Noch der erschte Begrüßung sächt die alt' Kuchler:
„Sie wolle uns verlosse, Herr Wagner, wie mer der
Grogmann sächt?"

„Nor uff e' Paar Woche', Fraa Kuchler, sächt der
Wagner un' überreicht drbei 'm Lenche sei' Bouquet.

„Ei was schöne Blume', ruft 's Lenche, guck nor
Tant', un' wie viel', ich dank schö' Herr Wagner."

Die Alt' hot 'n Seiteblick uff den Strauß geworfe'
und wie se drinn Pensée's sicht un' so feuerrothe
Blume', die se emol hot „brennendi Lieb" nenne' höre',
so fahrt ihr's durch de' Kopp, vielleicht mit denne
Blume' dem Wagner en' Erklärung abzulocke'. „Deß
ist jo e' Strauß, wie mer se nor bei Hochzeite' sicht,
sächt se', un' Sie habe' e' recht hübschi Auswahl ge=
troffe' un' gewiß e' bische b'rbei poetisirt, explicire'
Se uns emol deß Bouquet."

„'S is nit viel bra' zu explicire', sächt der Wag=
ner, 's sin' gewöhnliche Blume'!"

„„Was is dann deß do? frogt die Kuchler un'
deut' uff die brennrothe Blümcher? Heeßt mer die nit
brennendi Lieb?""

„Ja wohl, sächt er, 's is aber nix als e' Varietät
vun Geranium, ich hoff' im nächste Summer kann
ich schönere Blume' bringe', dann mei' Garte' is noch

nit, wie er sei' soll, un' ich hoff ebe' in Worms 'n geschickte Gärtner zu finne'."

„Do habe' Se recht, sächt die Alt' (un' benkt sich: o du Lapps), ja in Worms sin' g'schickte Gärtner."

Un' die junge Leut habe' glei' wiebber bun der Musik a'gfange un' nochher musicirt un' zärtlich enanner a'geguckt, bis sich der Wagner empfohle' hot.

„Grüsse' Se mer 's Lange's un' 's Gollers Frens, sächt die Alt' noch, un' schreibe' Se uns emol, wie's Ihne geht, un' wann Se 'n Wunsch habe' un ich kann Ihne' was b'sorge', mit Vergnüge."

Der schüchterne Jüngling hat sich höflich bedankt un' mit viele Complimente empfohle' un' is abgereest. Noch acht Täg' hot er richtig der Tant' Kuchler g'schriebe' mit alle mögliche Wohlgeboren, un' daß es 'm ganz gut geh', und weil se so freundlich gewest wär' un' hätt' sich a'gebote', allenfalls was for 'n zu b'sorche, so thät er bitte', bei Gelege'heit sein' Verwalter zu erinnere, daß er den großen Orangebaam alls bei der Nacht in's Glashaus stelle' soll, weil die Nächte e' bische kühl wäre', un' er loßt sich 'm Fräule Lenche g'horsamst empfehle'. — E' hübscher Brief, hot die Kuchler for sich hi'gsacht, bo muß mer e' Gebuld habe' wie e' Haus, jetz' hab ich 'm bie schönschst Gelege'heit gebe', beß wenigstens zu schreibe, was er sich nit zu sage' getraut, un' bo schreibt er bun sein'm alte Orangebaam, 's is zu arg!

Die brei Woche' sin' 'rumgeweſt, un' kaam war der Wagner a'kumme', ſo hot 'm der Grogmann aach ſchuu e' Viſit gemacht. Sie habe' vun Worms gered't, vun' G'ſchäfte un' allerhand, bis endlich der Wagner ſächt: „No' un' was git's dann hier Neues, lieber Grogmann, was mache' die Kuchler's?"

„„Kotz Blitz, ſächt der Grogmann, bal' hätt' ich's vergeſſe', Ihne' die Neuigkeit zu ſage vun de' Kuchler's, 's intreſſirt Ihne gewiß, mer ſächt, 's Lenche ſei Braut.""

„Was? Braut?" fahrt der Wagner uff un' guckt de' Grogmann mit ganz verſtört'm Blick a'.

„Ja, ſo heeſt's", ſächt der ganz trucke'.

„„Un' mit wem dann?""

„Mer ſächt, 's is e' Klaviervirtuos, er hot 'n 'ſchpaßige. Name', ich glaab, Zeppler. Ich meen', ich hätt' 'n emol in Mann'em im e' Concert g'hört."

„Zeppler?" ſächt der Wagner, „is mer ganz unbekannt, aber ſage' Se nor, wie kummt dann deß Lenche zu dem Zeppler?"

„'S is e' alter Bekannter vun ihrm Onkl, un' was ich hör', will der die Heurath habe', un' Sie kenne' jo deß gute Lenche, was der Onkl will un' die Tant, deß thut ſe halt."

„Un' deß hot ſich ſo g'ſchwind gemacht, nit möglich, is er hier?"

„„Soviel ich weeſ', is er geſchtert a'kumme'. Ja ſehen Se, die G'ſchicht is mer ganz begreiflich. 'S

Lenche is jetz' zwee=e=zwanzig Johr alt, beß schönschte Alter for e' Mädche zum Heurathe'. Der alte Kuch=
ler hot über den Punkt oft g'sacht, die Mädcher sind wie die Traube' un' die Hochzeit wie die Weinles'. Wann mer die Traub' überzeitig werre' loßt, so git's allerhand Sache', daß die Les' nimmer so luschtich is. Un' so werd' er sich's aach beim Lenche gedenkt habe'.""

„Ach Gott, lieber Grogmann, Sie könne' sich nit vorstelle, was mich beß allarmirt, ich hab' beß Lenche, weeß' Gott, recht lieb. Ich meen alls, es kann nit sey', is es dann werklich wohr?"

„"Ich weeß' nor, was mer sächt, aber apropos, die Kuchler hot mer geschtert g'sagt, Sie solle heut' zum Kaffee kumme', ich kumm' aach, do werre mer wohl erfahre, was dann an der G'schicht is und wie sich beß gemacht hot. Vielleicht is es nor so e' G'schwätz. 'S Lenche werd' Ihne' Alles gern sage', dann Sie gelte' jo viel bei ihr, beß wisse se. Also à revoir."" Un' so geht der Grogmann fort, un' der arme Wagner hot die Händ' gerunge'. —

Der Grogmann aber geht jetz' schnurgrad in's Kuchler'sche Haus un' war 'm ganz recht, daß die Tant' ausgange' un' 's Lenche allee drheem war.

„Gute' Morge'", Lenche, sächt er, wie er in die Stub' kummt, wo 's Lenche wie gewöhnlich am Fensch= ter g'sesse is un' am e' Gelbbeutl g'häcklt hat.

„„Ei grüß' Ihne' Gott, Herr Grogmann, geht mer gut, wie geht's bann Ihne?""

„Dank' lieb's Lenche, wie 's halt so eme alte' Kerl geht. Ich kumm grab vum Wagner, er is glücklich wieder zuruckkumme'."

„„So is er wiebber hier, was macht er bann?""

„Werscht dich verwunnere', Kind, wenn ich sag, was er macht, Projecte macht er, sei' Haus zu verkaafa un' sein Garte' un' noch Worms zu ziehe', bann denk ner, der schüchterne Wagner is — Bräutigam!"

„„Was?! ach lieber Grogmann mache' se ke' Späß'!"" — und 's Lenche hot drbei ihr Arbeit falle' losse' un' is ganz blaß worre.

„Ja, stille Wasser sin' tief, sächt 's Sprüchwort, no' er hot recht."

„„Ja um Gotteswille, wer soll bann die Braut sey?""

„Mer sächt, 's is e' Sängerinn, e' gewissi Mammsell Drir," sächt der Grogmann un' hot Müh' g'hat, bei dem Name nit zu lache'.

„„E' Sängerinn? O du lieber Gott, ja uff Singe' hat er alls was g'halte'. Aber woher kennt er bann die Drir, ich hab' mei' Lebtag den Name' nit g'hört?""

„Wann ich mich nit err', hab' ich se emol g'sehe in Meenz beim Sängerfescht. 'S is e' hübsche Blondin, ziemlich groß, un' soll e' recht e' brav Mädche sei."

„„Beim Sängerfescht in Meenz, bo war ich jo selber drbei; e' Soloparthie hat se' emol nit g'sunge',

aber sie hot vielleicht gar nit mitg'funge'. Daß aber
der Wagner nie e' Wort vun ihr g'sagt hot! Un' so
gschwind! — """

„Ja, die Lieb' geht oft g'schwind un' die Heurath
langsam, un' umgekehrt kummt's aach vor, beß werscht
be aber heut' noch alles erfahre', lieb's Kind, dann er
kummt nach Tisch zum Kaffee."

Un' 'm Lenche sin' die Thräne' in die Aage kumme'
un' sie hot um se zu verberge, kaam noch 'rausge=
bracht: „Ja richtig, ich muß in die Küch'", und is
aus 'm Zimmer geloffe, daß es 'm Grogmann an'
Aageblick schier leed geweft und bang worre' is. Hat
sich aber g'schwind wiebber getröscht, bann er hot jo
alle Fäde in der Hand g'hat. Wie er die Trepp
nunner geht, begegnet 'm die alt' Kuchler. „Fraa'
Kuchler, sächt er, die Mine' sind gelade', vor'm Kaffee
werd 's losgeh', mache Se nor, baß die junge Leut
allee sin', ich kumm' schun e' bische' früher un' schlupp'
glei in be' Alkov' un' verfteck mich, baß ich beobachte'
kann, was vorgeht. Mache Se sich nix b'raus, wann
's Lenche e' bische blaß is obber gar e' bische geflennt
hot, thun Se, als wann Se's nit merke'. thäte', 's
hot nix zu sage'". Die Kuchler hot 'n noch ausfroge'
wolle', er hot aber g'sacht: „Sie wer'n 's schun höre'",
un' is fort.

Un' richtig is Alles gange', wie 's projectirt war.
Der Grogmann is zeitig kumme', hot g'sacht, er woll'
noch 'n Brief schreibe' im Onkl sein'm Zimmer un'

is vun bo in be' Alkove' g'schliche nebe' 'm Wohn=
zimmer, wo die Kaffeeparthie hot sey' solle'. Wie die
die Tant' un' 's Lenche noch be' Tisch gericht' un'
Obscht un' Süßes zurecht g'stellt habe', kummt der
Wagner, sichtlich a'gegriffe' un' verlege'. Die Tant
hot 'n flüchtig begrüßt, is aber unner 'me Vorwand,
noch was bsorge zu müsse', glei' wiebber 'naus un'
hot beß arme Lenche mit 'm allee' loße'. Mer hot
bere' wohl a'sehe' könne', baß was b'sunners vorgange'
is, un' der Wagner hot 's uff die Ueberraschung vun
ihrer Brautschaft g'schobe'.

„Hot 's Ihne' gut g'falle' in Worms, Herr Wag=
ner," fangt 's Lenche enblich mit eme Seufzer a'.

„„Ziemlich gut, Fräule Lenche, 's is nit üb'l, e'
Paar Täg bo zu sey'.""

„Nor e' Paar Täg? sächt se bitter lächelnb, Sie
sin' boch brei Woche bort gewest, un' ich meen' in A'ge=
legeheite, bie Ihne beß Worms lieb mache' müsse'."

„„Un' was wäre' beß for A'gelegeheite'?""

„Thun Se nit so, mer weeß', Sie habe' bort e'
Braut g'funne', ich gratulire Ihne brzu, Herr Wagner."

Der Wagner hot gemeent, Sie woll' b'rmit e'
Späßche mache' un' beß hot 'n verletzt un' so sächt er:
„„Noch bem, was ich vun Ihne' erfahre', Fräule Lenche,
is mer nir übrig gebliebe', als mei' Glück wo anners
zu suche' un' ich hoff, ich hab 's gfunne"", setzt er e'
bische' bockbeenig brzu.

Verwunnert fragt 's Lenche: „Bun mir habe' Se was erfahre'? Un' was wär' bann beß?"

„„Ich kann Ihne' nor sage', sächt der Wagner gereizt, daß ich recht gut begreif', daß Se 'n Klavier= virtuose, wie der Herr Zeppler sey' soll, mir, eme unbedeutende Dilletante' vorziehe', daß Se aber beß= wege' Späß' über mich mache', hätt' ich Ihne' wahrhaft nit zugetraut"", un' bei benne letschte Wort hot 'm die Stimm' gezittert vor innerer Bewegung.

„Ja um Gotteswille', hot 's Lenche gerufe' un' hot ihr schöne Aage' groß uffgerisse', was soll bann beß sei', was redde Se bann, ich soll en Herr Zeppler heirathe', 'n Mann, vun dem ich mei Lebtag ke' Sylb' g'hört hab'?! Mei' lieber Herr Wagner, mir scheint, Sie treibe mit eme arme Mädche' Muthwille', un' beß is, weeß Gott, nit schö vun Ihne'." Un' bo halt se ihr Schnupptuch for's G'sicht un' sin' ihr die Thräne 'runnergeloffe'.

Jetz' nemmt se der Wagner heftig bei der Hand un' ruft: „Ja Lenche, mei' liebes Lenche, was is beß, Sie sin nit Braut, Sie heirathe' den Zeppler nit?"

„„Ich weeß' gar nix"", flennt 's Lenche.

„'S is also nit wohr! o was ich glücklich bin, ach Lenche, hundertmol schun hab' ich Ihne Herz un' Hand a'biete wolle', un' jetz hab' ich gemeent, 's is Alles verlore', weil Se en' Annere gewählt habe". Un' er küßt ihr zärtlich die Hand, aber sie zieht se 'm weg un' sächt: „„Ja Herr Wagner, ich hab' Ihne' geliebt, aber loße' Se mich, ich will Ihne' an der Mammsell Drix nit wortbrüchig mache!"“

Jetz' hot's der Grogmann nimmer aushalte' könne', un' wie der Wagner im höchschste Erstaune frogt: „Ja wer is dann die Drix?", so springt der Grog= mann vor un' ruft: „Ich weeß, wer die Drix is, mei' lieber Wagner, un wer der Herr Zeppler is. Sehen Se, 's Lenche hot alls 'rumgedrixt un' hot's nit 'rausbringe könne, daß Se Ihne so gern hot, un' Sie habe' alls 'rumgezeppelt un' habe' 's dem Mädche aach nit sage könne', wie lieb se Ihne' is, jetz' wißt ihr die G'schicht un' verzeiht mer's Kinner, wann ich euch mit be' Name Drix un' Zeppler verschreckt hab'. Ich hab's gut gemeent, un' Gottlob 's hot aach gut reussirt."

Do is dem erstaunte Pärche' wiebber die Sunn' uffgange in be' G'sichter, un' wie se manchmol durch die letschte Rege'troppe noch eme Gewitter scheint, so hot se sich bei'm Lenche als e' freundliches Lächle durch die Thräne' gestohle', un' der Grogmann hot gelacht, un' der Wagner hot aach afange' lache'. Un' überbem hört mer die Tante mit 'm Kaffee-kumme' un' nemmt der Grogmann die junge Leut' links un' rechts un' ruft ihr entgege': „Victoria, Fraa Kuchler, Hochzeit im Haus, Bräutigam un' Braut!" Glücklicherweis' hot die Magd de' Kaffee getrage', die Alt' hätt 'n gewiß falle' losse', un' 's Lenche is ihr an de' Hals g'sprunge', un' All' ware' glückselig, wie Ihr's euch wohl denke' könnt. — Es is oft so bei Verliebte, un' manchi Mamma, die beß lest, denkt sich vielleicht: „Wann ich mer nor aach en' Freund Grogmann wüßt." —

Die Kosake'.

1.

Um's Johr 1814 hot zwische' Kaiserslautre' un' Johanniskreuz e' ärarialisches Forschthaus gstanne' un' hot bo e' alter Förschter, Namens Rickes, gewohnt. Der Rickes hot e' Töchterche g'hat, beß aach e' Bu' hätt' sey' könne', bann 's war ihr nir lieber als mit 'm Vater uff die Jagd zu geh', uff die Scheib zu schiesse' un' so Sache' zu treibe', wo die mehrschte Mädcher gar nir bvun wisse'. Sie hot Nannche' gheese' un' weil se hübsch war, so habe' Jäger un' Jagdliebhaber gern bei dem Förschter zugsproche' un' sin' mit Vergnüge' kumme' wann e' Jagd gewest is. Unner denne Gäscht' is aach e' junger Mensch vun Kaiserslautre, e' gewisser Bloch, gewest, der Sohn vum e' reiche' Wollhändler, un' der hot bem Nannche' gewaltig be' Hof gemacht. Deß Mädche' hot 'n aber nit leide' könne', weil er e' recht ei'gebildeter Jung war un' nebe'her e' naseweiser Schwätzer, 'm Alte' brgege' is mitunner der Gedanke' kumme, ʃei' Nannche könn' bo emol e' guti Parthie mache' un' hot 'n alls uff die Jagd geh' losse'. Jetz' war aach e' Jagdghilf' bei bem Rickes, der hot Hannabam gheese' un' bem is der Bloch noch zuwibberer gewest als 'm Nannche,

bann er war ſelber in beß Mädche' verliebt un' hot
ſich gebenkt, baß 'm e' Heurat mit ihr aach 'n gute
Poſchte' ei'trage' könnt'; bann e' Bruder vum Rickes
is bei der Regierung geweſt un' hätt' ſchun was mache'
könne'. Der Hannabam war e' burchtriebener böſer
Kerl, aber e' feſchter Jäger un' im Dienſcht wohl zu
brauche' gege' Holzbieb un' Braconniers, bie juſcht
nit ſelte' ware'. Weil er ſtark war wie e' Bär, ſo
hot nit leicht enner mit 'm a'gebunne' un' ben vier=
ſchröttige' Hannabam hot mer überall g'fercht.

„Wann ich nor bem verfluchte' Bloch bie Viſite'
vertreibe' könnt", hot er oft gebenkt un' hot ſich noch
bſunners b'rüber geärgert, baß er 'n uff bie Berſch
hot führe' müſſe', bie freilich oft genug ſo ei'gericht't
worre' is, baß ber Jung ke' Hoor un' ke' Febber zu
ſehe' 'kriecht hot. Wie bann ber wiebber emol gege'
Abe'b brherkumme' is, 'n Berſchgang zu mache un' 's
Nannche' um 'n Kaffee gebitt' un' ſich recht nieblich
bei ihr gemacht hot, ſo ſächt ber Hannabam zu 'm:
„Ich glaab alls, 's werb am beſchte' ſey' wann Se's
heyt mit emme Rehbock uff 'in Anſtand probire',
mit ber Berſch kummt nir 'raus, wann zwee minan=
ner gehn, 's is jetz' gar zu trucke' un' kracht jebes
Aeſchtche' uff 'm Bobbm, baß mer ſich nit genug in
Acht nehme' kann. Ich weeſ' aber 'n Platz, 's is
ke' halbi Stunb' bun bo, wo ich ſchun öfter 'n gute
Sechſerbock hab' 'rausziehe' ſehe'. Ich meen' wann
Se ſich bo hi'poſchtire', werre' Se ſchieße'."

„„Is mer ganz recht, sächt der Bloch, deß 'rumlaafe' macht emm' ohnehin erschrecklich müd, Er muß mich aber, wanns finschter werd, wiebber abhole', bann in der Nacht thät ich am End nimmer aus dem Wald 'rausfinne' un' ich muß heut' noch heemfahre'."″

„Deß werr ich thu', sächt der Hannabam, obwohl der Weg uff die Stroß leicht zu finne' is, dann 's geht e' Schneiz kerze'grab vun bem Platz uff die Stroß raus un' uff's Haus her." Un somit is er aus 'm Zimmer um sich zamme'zurichte' un' 's Nannche hot be' Kaffee gebracht.

„Was wolle' Se heut wiebber mache', sächt se, alls uff ben Rehbock, ben Se nie krieche' ober gar uff en' Hersch?"

„„Was mer vorkummt, Nannche."″

„Un' wann Ihne' jetz' e' Wolf käm' ober e' Wildbieb begegne thät', so 'was kummt auch vor?"

„„Ach was Wolf un' Wildbieb, bo fercht ich mich eher, wann mer 's Nannche e' bös' Gsicht macht wie neulich, un' was hab ich bann verlangt, e' Küßche, beß is was rechts."″

„Iuschtement, daß Se sehe', daß beß was rechts is, hab' ich Ihne' e' Gsicht gemacht, wann ich emol küsse' will, küss' ich mein' Schatz, werd schun enner kumme' der mer g'fallt."

„„Also ich g'fall' Ihne' gar nit, aoch wenn ich unnerthänigst frog': Golbiches Nannche' wolle' Se mich nit heurate'?"″

„„Nee', lieber en' Kosak!"" lacht 's Nanncheˈ un' springt aus 'm Zimmer.

Mer hot sellemol überall viel vun be' Kosake' geredt, die schun am Rhei' gstanne' sin', un hot nit genug verzähle' könne', was beß for abscheuliche Kerl wäre'. —

„Heut hot se wiebber ihr Naupe'," sächt der Bloch for sich un' jufcht wann se so bös' un' obschtinat is, juscht so is se am schönschte." Wie der Kaffee getrunke' war, is er dann mit 'm Hannabam ausgezoge', anzusehe' wie nochemol e' Modell vum e' Sunntagsjäger, dann er hot alle mögliche Febbre' uff sein'm Hut stecke' g'hat, 'n ganze Stoß vum e' Birkhahn, 'n Flügl vum e' Nußheher brnebe' un' Febbre vun Schneppe un' Ente' un' obe'brei' 'n Kopp vun ere Nachteul mit ei'gsetzte geelrothe' Glasaage'. Der korze grüne Rock war aach stutzerisch mit bloe' Stahlknöpf, wo Wölf' un' Bäre'köpp bruff ware' un' ganz verschnürt war er mit Rieme' vum Pulverhorn, Schrottbeutl, Couteau de chasse un' noch eme extrae' Patrontäschche for Kugle'. Er hot e' prächtigi nachlneui Doppelflint getrage', wo heut jeder Lauf mit zwee Kuchle' gelade' war. Der Hannabam hot unbedeutend brnebe' ausgsehe' mit ere graue Jack' un' ere grüne Kapp uff 'm Kopp, en' gewöhnliche Jagdranze an der Seit' un' e' ee'sachi Kuglbüchs' uff der Schulter.

Wie se vun er Stroß' weg sin', ke' fufzig Schritt vum Haus, is die Schneiz (Durchhau) 'nei gange'

in de' Wald, vun der der Hannabam g'sagt hot. Do
sin' se jetz' 'nei. Es war e' prächticher Wald mit
Buche', Eiche', Ahorn un' Kiffre' un' alls kleene
Aesungsplätz' drzwische', wie's e' Jäger gern hot. Wie
se e' Weil gange' sin', bleibt der Hannabam bei drei
großi Buche' steh' un' sächt zum Bloch: „Jetz' stelle'
Se sich do her obber wann Se wolle', setze' Se sich
uff den Stock bei denne' Buche' un' halte' Se sich
recht ruhig. Der Bock, den ich meen', zieht grab gege'=
über uff selli Lichtung 'raus, wo nor e' paar Hasl=
büsch stehe." Un' zeigt 'm den Fleck un' der Bloch
setzt sich uff den Stock. Wie der Jäger Waidmanns
Heil wünscht un' weiter geh' will, sächt der Bloch
noch, er soll nit vergesse', daß er 'n abholt wann's
finschter werd. Versteht sich, sächt der Hannabam un'
geht; mei' Bloch aber hot sich e' Cigarr a'gezünd't
un' hockt halt do, sei' Flint for sich queer uff de'
Knie', in Erwartung was kumme' werd. Er hot drbei
an allerhand gedenkt un' um die Zeit zu vertreibe',
die Gläsfer an sein'm Perspektiv geputzt, sei' schöne'
Knöpp betracht, sei' neui Flint' un' so fort. Bei
denne' Knöpp is 'm ei'gfalle', was 's Nannche' vum
e' Wolf g'sagt hot un' vum Wildbieb' un' 's is 'm
drbei e' bische' unheemlich worre'. „Dummes Zeug,
sächt er, so allee' do herhocke', hätt' ich nor mit dem
brummige' Hannabam gebersiht, unnerhaltlicher wär's
doch geweft." Un' 's is schun a'fange' dunkl worre',
do raschlt 'was hinner 'm un' wie er sich umguckt,

so steht do e' Mann mit eme g'schwärzte Gsicht, e' dunkl bloi Blous' a', 'n schwarze Hut uff'm Kopp un' 'n Prüchl in der Hand. „Was is'?! schöne' gute' Obe'b," sächt der verschrockene Bloch mit zitternder Stimm, aber der Kerl hebt sein' Brüchl uff un' mormlt ganz grimmig: „hab' ich dich emol." In dem Aageblick fahrt' mei' Bloch vun sei'm Sitz uff wie's Dunnerwetter, loßt vor Schrecke' die Flint' falle' un' springt in die nächschte Büsch' un' 'naus uff die Schneiz un' rennt als wann der Deubl hi'ner'm wär' alls fort bis an die Stroß. Bei dem Wegspringe' hot er noch sein' Hut verlore' un' is, was mer sächt, im e' recht pitojable Zustand gewest. „Der Deubl soll den A'stand hole'," sächt er, wie er ganz erschöpft uff's Förschterhaus hi'geht un' componirt sich natürlich g'schwind e' G'schicht um sei' Avantür' gehörig zu verzähle'.

Was hot der Förschter geguckt un' 's Nannche', wie er so brherkumme' is, ganz blaß un' verschwitzt un' verkratzt! „Ja was is bann deß Herr Bloch, ruft der Rickes erstaunt, wie sehen Se bann aus, is Ihne' 'was passirt?"

„„Deß wollt' ich meene', sächt der Bloch un' werft sich im Alte' sein' Lehnstuhl, so 'was habe' Se noch nit erlebt, mei lieber Rickes, um e' Hoor, so läg' ich jetz' todt gewercht bei be' brei Buche' an der lange Schneiz."

„Ja um Gotteswille', was is bann g'schehe', hot Ihne' e' Räuber attaquirt?"

„„Ja wohl e' Räuber un' e' Mörder un' e' Braconnier, alles in eener Person, — loße' Se mich nor emol trinke', brnocher verzähl' ich's Ihne'.""

Un' do schenkt 'm 's Nannche Wein ei' un' wie er 'n tüchtige Zug getha', fangt er keck a':

„Sehen Se, die Gschicht war so, ich bin bei denne' drei Buche' uff eme Stock g'seße' un' hab' uff en' Rehbock gepaßt, wie mer's der Hannabam g'sagt hot. Der is nocher fort un' ich hock' uff dem Stock. Jetz' wie's schun ziemlich dunkl worre' is, hör' ich 'was hinner mer un' wie ich mich umbreh', steht e' riese'mäßiger Kerl vor mer mit eme g'schwärzte' G'sicht un' reckt mer zwee Läuf' her. Was thun Se jetz'? — Gebe' Se Acht, was ich getha' hab'! mit eem' Satz schlag' ich 'm sei' Flint uff die Seit', fahr' 'm an die Gorgel un' renn' 'n an 'n Baam, daß es nor so gekracht hot. Jetz' gebt mer der Kerl mit der Fauscht 'n Stoß uff die Bruscht, daß mer der Odem vergange' is, ich loß aber nit los un' will 'n über mein Fuß werfe', wie ich aber den Fuß fescht webber be' Bobbm stemme' will, kumm ich in e' Loch zwische' zwee Worzle; natürlich fang' ich a' zu torchle' un' wie er mich noch emol wegstoßt, muß ich losloffe' un' schlag' rücklings hi', daß mer höre' un' sehe' vergange' is. Natürlich hab' ich nix anners gemeent, als daß jetz' mei' letschter Aageblick wär', aber ich muß dem Kerl doch imponirt habe', dann er hot nor g'schwind noch meiner Flint gelangt un' is in's Dickicht g'sprunge'.

Was hab' ich bo noch mache' wolle', sollt' ich 'm noch=
springe', daß er mer jetz' vier Läuf' herreckt wie vor=
her zwee? Nee, lieber Rickes, so dumm sin' mer
nit, dann wann's Lebe' hi' is kann mer's nit nochemol
kaafe', versteh'n Se mich, aber e' Doppelflint kann
mer wiebber kaafe', hab' ich nit recht? Un' so hab'
ich gemacht daß ich weiter kumme' bin, wahrhaftig
alle Gliebber thun mer noch weh."

„„Deß is jo doch erschrecklich, sächt der Förschter,
do derfe' Se noch vum Glück sage', daß es so 'gange'
is. Deß is richtig, Spitzbube' sin' do, ich hab' erscht
geschtert wiebber zwee verdächtige Schuss' g'hört.""

„Ja wisse' Se, fahrt der Bloch lebhaft fort, was
was mich am mehrschte ärgert, deß is daß der Kerl
nit e' Vertlstund' später kumme' is, bann bo wär' der
Hannabam sicher aach kumme' un' mir hätte 'n g'fange'
so gewiß als ich Bloch heeß'."

Ueberbem geht die Thür uff un' kummt der Hann=
abam 'rei' un' hot dem Bloch sein' Hut in der Hand.
Jetz' is dann glei' g'frogt worre, ob er nix g'sehe'
hätt' un' die Gschicht nochemol verzählt worre', eh' er
noch e' Wort hot sage' könne'. Wie dann deß end=
lich fertig war, sächt der Hannabam: „die Gränk
nochemol, 's is mer so e' Lump begegnet mit eme
schwarze' Hut uff 'm Kopp un' e' Blous' a'."

„„Ganz richtig, sächt der Bloch, der war's schun.""

„Un' der Kerl hot e' Doppelflint' getrage', ich
kenn' 'n, 's is e' Kohle'brenner, den ich schun emol

beim Schlinge'lege' ertappt hab'. Er hot mich nit gsehe'; wie er jetz' an dem Baam wo ich gstanne' bin vorbei is, so schrei' ich: „halt'! obber ich schieß'" un' do hot er die Flint' weggschmisse' un' mit e' paar Sprüng' war er weg. 'Muß doch sehe', was deß for e' Flint' is, sächt er, ich hab' se im Gang drauß uff= ghängt." Un' so geht er 'naus un' bringt die Flint'. „Weeß' Gott mei' Flint, ruft der Bloch, ei deß is jo prächtig! un' was so e' Kerl im Schrecke' dumm is, bann hätt' er be' Kopp nit verlore', so hätt' er doch eher sein' alte' Scherbe' weggschmisse als so e' Flint wie die!"

„„Ja wie so, Herr Bloch, sächt der Hannadam, er hot jo nor ee' Flint' g'hat?""

„Was?! Nor ee' Flint? un' reckt mer zwee Läuf entgege' wie ich noch uff 'm Stock g'sesse bin?"

„„Deß kann doch nit wohl sey' Herr Bloch, do müsse' Se sich verguckt habe' un' der Mensch hot über= haupt ke' Courage, Jemand a'zupacke', ich versteh' die Gschicht nit.""

Jetz' hot 's Nannche gelacht un' sächt: „Ei Herr Bloch, am End habe' Se die ganz' Gschicht' nor so getraamt, sin' e' bische' ei'gebußt un' der arme Kohle'= brenner hot die Gelege'heit benutzt, Ihne' die Flint zu nemme'."

Un' do hot der alte Förschter aach e' bische' ge= lacht un' der Bloch is ganz roth worre'.

„Schlechte Witz', hot er g'sagt, aber ebe' fallt mer ei', bei bem Raafe' hot er sei' Flint jo falle losse' müsse' un' hot in ber Gschwindigkeit die meinig' erwischt wie er fort is."

„„Nee, Herr Bloch, sächt der bockbeenige Hannabam, dann so gut ich uff bem Platz Ihr'n Hut g'sehe' hab', hätt' ich aach bie Flint' gsehe', wann eeni bo gelege' wär', dann 's war noch gar nit so finschter."

Un'*'s Nannche hot wiebber gelacht un' hot 'm e' bische boshaft zugebischpert: „Lieber 'n Kosak" un' is ber Bloch bitterbös worre'. „Flint' hi' Flint' her, hot er gsagt, bie Gschicht' war emol wie ich se verzählt hab'" un' zieht sein' Gelbbeutl 'raus un' gebt bem Hannabam zwee Krone'thaler zum Anbenke' an die Avantür', spannt sei' Wäglche ei' un' is abg'fahre ohne weiter e' Wort zu sage'.

2.

De annere Morge', wie 's Nannche im Hof die Hühner g'füttert hot un' bie Ente', un' ihr'n schöne' Po (Pfau), kummt der Hannabam aus 'm Oekonomiehaus, wo er sei' Stub g'hat hot un' sächt: „Gute' Morge' Nannche', habe' Se gut gschlofe' uff bie Gschicht vum Herr Bloch?"

„„Gute' Morge' Hannabam, freilich, ich hab' noch recht lache' müsse, er hot uns gewiß was brherphantasirt, ich glaab's nit anners.""

„Ei versteht sich, dann sehen Se, Nannche', die G'schicht' kenn' ich am allerbeschte, ich war jo selber der Kohle'brenner, hab' in mein'm Ranze e' Blous' un' 'n alte Hut mitgenumme' un' e' paar Kohle' un' wie ich vum Bloch weg bin, hab' ich mer 's Gsicht g'schwärzt un' wie's dunkl worre' is, hab' ich mich wiedder hi'gschliche. Daß er aber mei' Büchs' nit kennt, hab' ich die weggelegt un' 'n Prüchl in die Hand genumme'. Sie hätte' nor sehe' solle' wie der Held beim erschte Blick uff mich g'sprunge' un' dorchgebrennt is, ich hab' mich schier todt gelacht."

„"Er is aber doch e' rechter Spitzbu,"" sächt 's Nannche un' habe' se alle zwee gelacht.

„'M Vater müsse' Se nix sage', sächt der Hannabam, der werd sich sein' Theel schun selber denke', aber meene' Se, ich hätt' die Gschicht' nor zum Spaß arrangirt? Nee, ich hab's Ihne' zu Gfalle' getha', Nannche, un' ich denk' der Herr Bloch werd Ihne' so bal' nit wiedder annuire' mit sein'm Gebabbl."

„"Wahrhaftig, sächt 's Nannche', ich bin recht froh wann er nimmer kummt.""

„Un' krieg' ich nix for mei' Kunschstückche, e' Küßche, meen' ich, he Nannche, hätt' ich doch verdient?"

„"So zahl' ich ke' Schulde', Hannabam, aber e' paar Schoppe' Wei' soll Er habe' for den Ei'fall.""

Do sächt der Hannabam: „Höre' Se, Nannche, ich hab' 'n vermögliche' Onkl, er is schun lang krank un' peift jetz' uff 'm letschte Loch, ich muß 'n erbe' un' kriech' e' niebliches Anwese' un' do brauch' ich e' Hausfraa, un' die müsse' Sie werre'."

„„Ich mag aber nit, Hannadam, loß Er mich in Ruh"" sächt 's Mädche' un' geht in's Haus.

„Helft doch nir!" hot ihr der freche Hannadam mit Lache' nochgerufe'.

O mei' Gott, deß gute Nannche hot schun lang e' stilli Liebschaft g'hat, aach mit eme Jäger, der vor 'm Hannadam Ghilf bei ihrm Vater war, aber der hot Soldat werre müsse' un' is in der mördrische Schlacht bei Hanau am Arm blessirt worre. Er hot ihr vun dort emol gschriebe' un' daß er hoff' sein' Abschied zu kriechc' un' wiedder zu kumme', aber er is halt nit kumme' un' do hot se sich oft bekümmert drüber. Es war ihr beßwege' aach nit so zuwidder wie ihr'm Vater, daß es g'heese' hot, der Krieg käm' alls näher, dann sie hot sich gedenkt, um so gewisser kummt aach ihr' lieber Louis, so hot er g'heese', wiedder heem.

Der Hannadam is alls zudringlicher worre', aber der Bloch is richtig nimmer kumme' un' sie hot gar nimmer an 'n gedenkt, do kriecht se uffemol 'n Brief vun 'm un' schreibt der boshafte Vorsch, er hätt' g'hört, daß in e' paar Täg' e' Regiment Kosake' noch Kaisers= lautre käm' un do hätt' er den Ei'quartirungsofficier gebitt', er soll doch aach etliche Stück zu Rickes schicke', damit sie, 's Nannche, sich een' 'raussuche' könnt' zum Gemahl, weil ihr doch e' Kosak lieber wär' als der gehorsamschte Bloch, so hot er den Brief gschlosse'. Do is beß Nannche glei' zum Vater geloffe' un' hot 'm beß verzählt un' is der ganz wüthig worre.

„So schlag' doch e' Dunnerwetter drei', sächt er, wann uns der Borsch beß G'sindl uff be' Hals schickt, der soll mer nochemol kumme', so weis ich 'm mit der Hundspeitsch die Thür'." Un' der Mann hot recht g'hat, bann wann's aach nit g'schehe' wär', so war's doch recht boshaft, die Leut so zu verschrecke', aber am e' schöne' Nachmittag, 's war im März, sin' richtig sechs Kosake' mit ene Genbarm' drhergeritte' kumme', um Gotteswille! un' was for Kerl! Bärt' habe' se g'hat bis uff be' Sattlknopp un' Gsichter wie die Wildkatze, wie viereckig, un' habe unner ihre flache runde Pelzkappe recht heemtükisch un' gräulich 'rausgeguckt. Sie habe' weite blaue Hose' a'ghat un' Collets mit ere Meng' Knöpp un' Pischtole' un' Messer im Lebbergurt, drzu noch krumme Säbl un' lange Spieß'. Es is emm' ganz unheemlich worre', wann mer se wie Kobold uff ihre kleene' Perdcher hot hocke' sehe'. Sie sin' glei' in be' Hof 'neigeritte' un' habe' bo ihre Perd die mitgebrachte Futtersäck a'ghängt, bann Haber habe' se selber bei sich g'hat. Der Gensbarm' hot 'm Rickes g'sagt, er müß' ihne' zu esse' gebe' un' Wei' un' jebm e' paar Gläßer Schnaps, sie thäte' be' annere Morge' ganz früh wiebber be' nähmliche' Weg zuruckreite', beß wüßte se schun. Hot nocher mit 'm Rickes e' Scheuer a'gsehe', wo se habe' schlofe' könne' un' hot die alt' Berbl, die eenzig' Magb im

Haus, Stroh 'neischleppe' un' die Liegerstatt herrichte' müsse'. Der Gensdarm' is aber glei' wiedder fort, weil er noch e' Ordre noch Neustadt hot bringe' müsse'. Jetz' habe' die Kosake die Scheuer a'geguckt un' deß kleene Oekonomiegebäud', wo e' Kuh im Stall war. Die hot eener vun benne Kerl glei' losgemacht un' hot se durch's Thor am Hof mit seiner korze Reitpeitsch in be' Wald getriebe' un' hot sei' Perd in de' Stall g'führt. Die Berbl hots mit Schrecke' g'sehe', hot sich aber nix zu sage' getraut. Dernocher sin' se all' in's Haus un' in die groß' Stub, wo der Rickes Brod un' Wei' un' kalte' Rehbrate' am e' runde Tisch uffgsetzt hot. Un' do habe' se a'gfange zu esse' un' zu trinke' ganz luschtich.

Die Wei'flasche' war aber g'schwind ausgetrunke' un' e' zweeti un' britti Lieferung aach un' hot der Rickes jetz' jebm e' Gläsche Schnaps ei'gschenkt. Do habe' e' paar die Gläscher uff een' Schluck ausgetrunke' un' habe' se an de Wand g'schmisse' un' uff die Schoppe'gläser gedeut', daß mer ihne' do Schnaps ei'schenke' soll. Natürlich hot's der Rickes getha' un' is 'naus, noch mehr Schnaps zu hole', un' hot 'm Nannche in der Küch' geklagt, 's wär' entsetzlich wie die Kosake' saufe thäte' un' er wär' bang, was g'schehe' könnt' wann se Räusch kriege'. "Wann nor der Hannadam do wär', sächt er, daß wenigschtens all's cener bei 'n wär', bann du darffscht dich nit sehe' losse', Nannche', die Kalmuke' do sin' e' freches Volk, deß hab' ich schun gemerkt. Schick mer be' Hannabam nor glei' wann er heemkummt, 's e' Kreuz, daß ich 'n juscht heut in be' Wald gschickt hab'." 'S Nannche hot gsagt, sie woll recht Acht gebe', wann er kummt un' woll's 'm sage'. Ueberdem habe' die Kosake' in ber Stub' wiebber zu lärme' a'g'fange' un' die leer' Schnapsflasch durch die Thür 'nausgschmisse', daß die Scherbe' 'rumgfloge' sin' un' zwee sin' 'rauskumme' un' habe' dem Förschter alls Zeiche' gemacht, daß se noch saufe' wolle'. Der Rickes hot mit 'm Kopp ge= nickt un' hot gsagt „ja, ja, ich bring' schun," aber sie sin' 'm nit vun der Seit' un' sin' mit 'm in be' Keller nunner zu sein'm gröschte Aerger. Do sin' im e' Eck sechs Flasche' vum beschte' Mannheimerwasser gstanne, die bem Rickes emol e' guter Freund gschickt hot for e' Present un' wo sich der nor sei' Jagdfläschche' mit g'füllt hot, wann e' recht wischtes naßkaltes Wetter war, um sich e' bische' abstoßend zu mache'. Die Kosake' habe' vielleicht ihr Lebtag ke' so vierecktige Flasche' nit g'sehe', aber boch habe' se glei' gemerkt, daß beß die rechte' wäre' un' habe' se alle sechs mit 'nuffgenumme', der Rickes hot Geschte' mache könne' wie er gewollt hot. Wie er wiebber 'ruffkumme' is in be' Gang, so hört er in der Stub' e' gewaltiges Schlage' un' Krache' un' wie er 'neiguckt habe' se sein' schönschte Kaschte' zammegschlage' un' triumphirnd a' halb Duzend silberne Löffel, die se drinn gfunne' un' e' silberni Dus' uff be' Tisch hi'geworfe' un' eener

hot Werfl aus 'm Sack 'raus un' so habe' se a'fange'
um die Sache' zu spiele' un' habe' sich aach glei' über
deß Mannheimerwasser hergemacht, der Pickes hot die
Händ' übr'm Kopp zamme'gschlage'.

Während deß g'schehe' is, hot 's Nannche 'm Vater
sein' Hühnerhund, de' Hektor, dorch de' Hof 'reispringe'
sehe' un' is glei' 'naus, dann der Hannabam hot den
Hund bei sich g'hat. Der Hund is freundlich am
Nannche' 'nuffgsprunge' un' der Hannabam aach drher=
kumme'. „Um Gotteswille', Hannabam, sächt 's Mäd=
che', Kosake' sin' do, 's geht ferchterlich zu im Haus,
der Vater weeß' nimmer, was er a'fange' soll." Un'
hot 'm halt die Gewaltthätigkeit vun denne' Kosake'
verzählt un' ihr Angscht un' was dann zu thu' wär'.
Der Hannabam is mit ihr in sei' Stub un' sächt:
„deß is e' verfluchti Gschicht', do is guter Noth theuer,
dann mit Gewalt is nir zu mache', 's sin' ihrer zu
viel, aber probire' will ich doch was. Hole' Se mer,
aber daß es kenner sicht, de' Uniformshut un' de'
Mantl vum Förschter un' sei' spanisches Rohr, ver=
stehen Se, aber gebe' Se Acht daß kenner drzu kummt."
'S Nannche' hot nit lang gfrocht for was un' is in
die Schlafkammer vum Vater, die im obere Stock war
un' do ware' die Sache', die se dann eiligscht bem
Hannabam gebracht hot. Der hot derweil in alte'
Papiere 'rumgekramt un' en' große Boge' mit ge=
druckte Forscht= un' Jagd=Verordnunge' 'rausgholt un'
den viereckig zammagelegt. Wie 's Nannche' kumme'

is, hot er de' Mantl a'gezoge' un' den Hut ufgseht, den Boge' Papier ei'gsteckt un' beß spanische Rohr unner de' Arm genumme'.

„So, sächt er, jetzt Nannche, rufe' Se keck Ihrn Vater aus der Stub' un' sage' Se 'm, wann ich kumm, soll er mich an der Thür mit tiefe Complimente' empfange', wisse' Se, als wann ich e' recht vornehmer Beamter wär' un' er soll sich nit aus der Contenance bringe' losse' über beß, was ich thu' werr'." Is also 's Nannche 'nei' un' hots so gemacht un' mei' Haunadam marschirt ganz gravitätisch zu de' Kosake 'nei'. Der Förschter hot ee' Kompliment um's annere gemacht un' die Kosake' habe' g'stutzt un' sin still worre', wie er, den große' Hut uff'm Kopp, an de' Tisch hi'gange' is wo se 'rumgseße' sin'. Do zieht er jetz' sein' Boge' Papier 'raus, falt' 'n breet auseenanner un' lest mit lauter Stimm Artikl for Artikl, vum A'lege' vun Holzschläg, vun Streuabgab, vun der Läng' vum Klasterholz un' so fort, un' alls derzwische bringt er beß Wort „Alexander", un' do hot er sich e' bische verneigt, un' lest mit unnermischte' „Alexander" de' ganze' Boge' runner. Die Ruße' sin' dogseße' wie versteenert. Wie er mit Lese' fertig war, legt er den Boge' wiebber zamme, steckt 'n ei' un' nemmt jetz' beß spanische Rohr un' haut dem nächschte über de' Buckl, daß es nor so gepatscht hot un' so der Reih' nach 'rum als wann er Säck' auszekloppe' hätt'. Der Förschter hot Aage' un' Maul uffgerisse' über den Kerl, aber die Kosake' habe' die Köpp gebuckt un' habe' nit gemurrt. Druff nemmt der Hannabam die Löffl un' die Duss' un' was noch an volle' Flasche do war un' gebt se dem Förschter un' winkt 'm, daß er se 'naustrage' soll. Zum Schluß hot er nochemol sein' Stock in die Höh' g'hobe' un' gerufe': „Wann euch Lumpe'gsindl nor der Deubl hole' thät — Alexander!" un' hot sich umgedreht un' is feierlich wiedder 'naus.

Der Förschter hot 'm ganz still brauß' gedankt un' ebe'so 's Nannche', deß voll Schrecke' uff den Aus= gang vun dere G'schicht' gewart' hot. Die Kosake habe' aber dumpf in die Bärt' gebrummlt un' ge= mormlt, habe' ruhig die Gläsger ausgetrunke' un' sin' in die Scheuer, wo se am offene Thor ihr Perd a'ge= bunne' habe'. Wie's überall ruhig worre is, is der Hannabam in's Haus un' er un' der Förschter un' 's Nannche un' die Verbl habe' jetz' enanner ganz bisch= perich all' ihr Aengschte verzählt un' die Corage vun dem Hannabam bewunnert. Der hot g'sagt, es wär' 'm deß Ding so ei'gfalle', weil 'm e' alter Kamrad, der erscht vun Münschter zuruckkumme' wär', verzählt hätt', daß er dort gar viel so Kosake g'sehe' un' daß er oft ghört hätt' wie se Schläg' krieche', wo alls eener 'was vorlese' un' Alexander sage' thät. „Aber die Gränk Hannabam, bischpert der Förschter, daß se nit gemerkt habe', daß deß nit russisch war, was Er ge= lese' hot." „„Ei was wisse' die Kerl, sächt der Hann=

adam, beß is grad als wann ich mit 'm Hektor franzöſch redd, der kennt's aach nit; de' Alexander un' de' Stock habe' ſe verſtanne' un 's anner' war Nebeſach." Do habe' ſe in die Schnupptücher gelacht un' der Förſchter hot 'm Hannabam vun dem glücklich gerette' Mannheimerwaſſer ei'gſchenkt un' hot 'm die ſilbern Duſ' gebe' als e' wohlverbienti Belohnung for ſei' Bravour. Wie ſe ſchlofe' gange' ſin' hot natürlich jedes ſei Thür wohl verriegelt un' verrammelt, am nächſchte Morge' ſin' aber die Koſake, wie's der Gensdarm g'ſagt hot, ganz früh un' ohne alle' Spetakl wiedder fortgeritte'.

3.

Seit dere Koſake'gſchicht hot der Hannabam dem Nannche noch mehr zug'ſetzt mit ſeine' Liebeserklärunge, hot ſich öfter groß gemacht, er hätt' ihne' all' 's Lebe gerett' un' hot ſich feſcht vorgenumme', ſowie der kranke Onkl glücklich abg'fahre' wär', woll er ohne weiters beim Rickes um 's Nannche a'halte'. Aber der zähe Onkl is nit abgfahre', im Gegetheil er hot ſich wiedder ganz erholt un' zu dem Malheur is for de' Hannabam noch e' anners kumme', an beß er gar nit gedenkt hot, dann am e' ſchöne' Morge' is der gewiſſe Louis, der frühere Jagdg'hilf am Haus a'gfahre' un' hot 'n Brief vum Maire gebracht, er ſoll beim Förſchter wiedder Ghilf ſey' wie vorher, dann 's wär' zur Anzeig kumme', daß die Braconniers in der Gegend ſtark' überhand

nemme' thäte' un' so aach anner's Diebs= un' Räuber=
volk un' so woll' mer 'n dem Förschter noch als enn'
zweete Ghilf beigebe'. Dem Rickes war's ganz recht
un' 's Nannche' war natürlich glückselig.

Der Louis hot, wie er vun Hanau weg is, noch
mit seiner Blessur zu thu' g'hat un' deßwege' sein'
Abschied kriecht, is aber bal' ganz frisch un' gsund
worre' un' hot sich wiebber uff sein' alte' Poschte' ge=
melb't un' hot 'n aach kriecht. Der Bloch hot aach
drzu beitrage', die Gegend erschrecklich unsicher zu
schilbre' un' vun de' Allirte', die sellemol uff Paris
los sin', habe' sich die Marobeurs un' allerhand ver=
loffenes Volk weit 'rum zerstreut un' ihr Unwese'
getriebe'.

'S war aber nit wege' 'm Nannche' allee, daß der
Hannabam den neue' Kamerab nit gern g'sehe' hot.
Der Hannabam war nähmlich selber heemlich e' Bracon=
nier un' gar mancher Rehbock un' mancher Has' is
wo anners hikumme' als in's Forschthaus, dann der
Hannabam hot alls viel mehr gebraucht als der Dienscht
getrage', weil er e' gar borschtiger Mensch geweft is un'
's Wasser nie hot leide' könne'. Do war dann e'
libberlicher Holzknecht un' e' Lump vum e' Werth,
die 'm g'holfe' habe' un' beim Schieße' is er nit leicht
verrothe' worre', beß hot er schun zu mache' gewißt.
Wie aber jetz' der Louis aach in be' Wald 'gange' is,
war's nimmer so leicht borchzekumme'. Do hot er sich
bal' be' Plan gemacht, ben Louis zu verdächtige' als

wann der Wild stehle' thät, un' e' günschtiger Umstand for 'n war, daß der Louis, weil er mit 'm genaue schieße' außer Uebung war, etliche Rehböck', die mer sellemol aach im Frühjohr gschosse' hot, a'geblenklt un' nit 'kriecht hot. Wie er deß emol wiebber 'm Förschter geklagt hot, sächt der Hannabam heemlich zu dem: „Herr Förschter, deß A'blenkle' will mer nit g'falle', ich will nir g'sacht habe', aber wette' wollt' ich, daß mer vielleicht schun morge' bei dem verrufene Pemperwerth 'n frische' Rehschlegl kaafe' kann, wann mer 'm jemand schickt, wo er sich nit verrothe' glaabt."

„„Dunnerwetter, deß wär' mer deß rechte, sächt der Förschter, fort müßt' er un' wann er sunscht vun Gold wär', dann deß hab ich g'schwore' un' halts, e' Ghilf, der mer was veruntreut, der muß weg, aber vum Louis kann ich's nit glaabe.""

„Ich wills aach nit hoffe', hot der Hannabam g'sagt, ich hab' nor so gemeent, mer derf aber nit traue' un' beim Soldate'lebe lernt sich allerhand."

So Stichlrede hot der Hannabam öfter g'führt un' aach gege' 's Nannche, daß die ganz bös' worre' is.

„Er is e' recht boshafter Nikl, hot se emol zu 'm g'sacht, daß er den gute' Louis beim Vater gern verschwätze' thät; wann ich was zu sage' hätt' wär' Er die längscht Zeit Jagdghilf gewest un' ich thät 'n als Kosake'prügler a'stelle', do brfor taugt er, aber sunscht for nir.".

„„So rebb't die Mammsell? is jetz' der Hann=
abam losgange', also beß is der Dank for mei' Ver=
bienschte', aber gebe' Se Acht, 's werd noch Alles an
de' Tag kumme' un' do wolle mer sehe', wer vun uns
zwee die längscht' Zeit gedient hot.""

„Un' ich leib's nit, hot 's Nannche gezankt, beß is
e' Schlechtigkeit, eme ordentliche Mensche' so 'was noch=
zurebbe, beß sag' ich 'm, un' fercht mich gar nit for
sein'm grippebisserige Gsicht." —

Wann se sich so über den Hannabam ereifert hot,
so wollt' se doch gege' ihr'n liebe Louis nix broun
merke' losse' um dem kenn' Verdruß zu mache'. 'S
war jo gar so e' lieber Borsch, e' schlanker blonder
Jung, wie mer de' Fribolin molt, un' e' guti treu=
herzigi Seel'. Un' was hot er schun for Feldzüg'
mitgemacht un' wie interessant hot er Alles verzähle'
könne'. Der alte' Rickes hot 'm selber gern zughört
un' die größcht' Freed ghat, wann er uff 'm Tisch die
Stellunge' vun de' Allirte' un' vun de' Franzose' mit
schwarze un' weiße Bohne' deutlich gemacht un' erpli=
cirt hot. Er hot sich aach bei mehrere Gelege'heite'
ausgezeichnt un' emol sein Oberscht, der schun g'fange'
war, mit Lebensg'fahr befreit, un' schun beßwege' hot
's Nannche' gemeent, müßt' mer 'm vun rechtswege'
e' Förschtersstell' gebe' un' 'n Ordn' obe'drei'.

'S wär' Alles gut gewest, dann junge Leut sin'
jo aach mit Hoffnunge' zufrieden, aber der Hannabam
hot nit uffghört mit sein'm falsche Gered' un' der

Rickes hot beßwege' vun verläßige Holzknecht, Weg=
macher, Kohle'brenner un' so Leut', die im Wald zu
thu' habe', Erkundigunge' eigezoge'. Zu sein'm größchte'
Erstaune' hot er do g'hört, daß es beim Hannabam
nit richtig wär', während vum Louis Niemand was
gewißt hot.

Un' was sellemol der Hannabam zum Naunche'
g'sagt hot, daß noch Alles an be Tag kumme' werd,
beß is aach g'schehe, 's is aber ganz' 'was anners
an be' Tag kumme' als der böse Jäger gemeent hot.

'S war A'fangs April in der schöne Zeit wo die
Auerhahne' zu balze' a'fange', do sin' die Jäger all'
fleißig 'naus, so 'n stattliche' Vochl zu schiesse'. Deß
Balze'höre' un' beß Anspringe' is gar was luschtigs
for en' Jägersmann un' der Rickes wie sei' G'hilfe'
habe' ke' Müh' gspart', was zu krieche'. Wie der
Hannabam un' der Louis emol in der Nacht so 'naus=
gange' sin' un' sich nocher getrennt habe', so hört der
Hannabam zwee Anerhahne balze', ganz nochet bei=
nanner. Er probirt se a'zuspringe' kummt aber zu=
fälligerweis' an die Henne', die uff 'm Bobbm ware'
un' wie beß so geht, stehn' die uff un' streiche' bei
benne' Hahne' vorbei un' nemme se mit. Der Hannabam
hot sich gewaltig b'rüber geärgert, do hört er uffemol
ganz weit weg, in der Richtung wo se hi'gstriche' sin',
wieder een' balze'. Er tummlt sich also uff den Platz,
aber der Hahn steht wiebber ab, for nix un' wiebber
nix, un' fangt weit erwech nochemol zu balze' a'. Die

Gränk, benkt sich der Hannabam, do treib' ich dem Louis die Hahne' zu, wann beß so fortgeht, dann er hot gewißt wo der Louis geberscht hot. Er is aber doch nochgschliche'. Do fallt richtig e' Schuß beim Louis un' der Hannabam hot grab b'rüber zu fluche' a'fange' wolle', so sicht er en' Hahn streiche', an dem er glei' gekennt, daß er was kriecht hot un' sicht 'n am e' freie Grasplätzche runnerplumpfe'. Do springt er g'schwind hi', nemmt den Hahn un' laaft mit 'm fort un' heem zu. „Hot 's Bürschche emol wiebber g'schoße un' bringt nir, beß is juscht Wasser uff' mei' Mühl'. Am End' muß der Rickes doch bra' glaabe' un' ich steck' dem Pemperwerth den Vochl in's Heu in sein'm Stall un' will' schun mache', daß 'n der Rickes do findt. Der Werth kann sich leicht 'rauslüge' un' dem Louis bleibt sei' Treffer." Mit so abscheu= liche' Gedanke' hot er den Hahn in sein' Ranze' gsteckt, is heem un' hot 'n in seiner Stub' in e' Kischt gelegt, wo er Schieß= un' Fischzeug drinn ghat hot, un' hot die Kischt sorgfältig zugsperrt un' de' Schlüßl zu sich genumme'. Er wär' schun glei' zu dem Pemperwerth gange', wann er nit g'fercht hätt', daß 'm der Rickes in be' Weg' kumme' könnt, weil der dort in der Gegnd aach uff Auerhahne' geberscht hot. 'S hot nit lang gedauert, so is der Förschter mit eme Auerhahn heem= kumme' un' frogt be' Hannabam ob er g'schoße' hätt', er hätt' 'n Schuß g'hört.

„Ich hab nit g'schoße', sächt ber, 's muß der Louis

gewest sey', ich bin an gar ke' Hahne' kumme'."
Bal' bruff kummt dann aach der Louis un' klagt wiedder
über sei' Unglück, er hätt' 'n Hahn a'gschoße', hätt'
aber trotz all'm Suche' nir finne' könne', obwohl der
Platz, wo er hi'gstriche' is, ziemlich frei gewest wär',
er könn's gar nit begreife', bann er wär' wunnerschö'
uff dem Hahn abkumme' un' hätt' 'm aach Febbre'
ausgschosse'. Wie er beß so sächt, winkt der Hann=
abam 'm Förschter mit be' Aage; der hot's wohl be=
merkt, hot aber doch zum Louis nir g'sacht als, er
soll doch besser achtgebe' un' sei' Flint ei'schieße' um
zu sehe', ob's nit bo bra' fehlt un' soll mit 'm Hektor
nochemol suche'. Wie der Louis aus der Stub' 'gange'
is, hot der Hannabam a'gfange' sein' Plan auszu=
führe' un' hot dem Rickes die Proposition gemacht,
gege' Abe'b oder be' ann'are' Morge' beim Pemper=
werth e' kleeni Visitation zu halte' un' so fort. Der
Förschter war recht ärgerlich über bie Gschicht. Während
se so noch b'rüber rebbe', kummt 's Nannche' in's
Zimmer g'sprunge' un' ruft: „Vater' e' Maus, e'
Maus!" — 'S war g'schpaßig, beß corragirte Mädche'
hot bie Mäus' erschrecklich g'fercht. — „Was is 's bann,
sächt der Rickes, wo is bann e' Maus?"

„„Ei, im Hannabam seiner Stub', ich bin grab
borch be' Hof gange' un' bo is der Hektor neber m'r
hergsprunge', jetz' wollt' ich der Berbl was sage' bie
beim Hannabam bie Stub gekehrt hot un' wie ich
'nei'geh, springt der Hund mit mer un' steht uffemol

ferm wie uff der Hühnerjagd un' klotzt in e' Eck,
wo die Kischt vum Hannabam steht. Die Maus muß
hinner bere' Kischt sey', wann' mer se nor krieche'
thäte', dann ich fercht se so, die abscheuliche Thier."
Do sächt der Hannabam, der die Farb' im G'sicht
gewechselt hot: „Bleibe' Se, Herr Förschter, 's werd
nir sey', ich will glei' sehe', was der dumme Hund
hot," aber der Förschter steht uff un' sächt: „die Gränk
nochemol, beß will ich doch aach sehe, dann der Hektor
hot mich uff' der Hühnerjagd oft genug geärgert,
wann er so vor be' Mäuslöcher gstanne' is als wann
e' Fasan vor 'm läg', un' ich hab' gemeent' ich hätt's
'm endlich abgewöhnt."

Zum gröschte' Schrecke' vum Hannabam geht also
der Förschter mit un' richtig steht mei' Hektor noch
ferm vor der Kischt. Jetz' habe' se die weggezoge',
un' 's war nir vun ere Maus zu sehe', aber der
Hektor hot nit uffghört an bere Kischt 'rumzeschnoppre',
so baß beß bem Förschter uffgfalle' is. „Er muß doch
was wittre', sächt er, sperr' Er emol die Kischt uff,
Hannabam, ich bin doch begierig was beß is." Jetz'
hot der Hannabam ganz verlege' in be' Säck 'rumgsucht
un' gsacht, er könn' be' Schlüßl nit finne', er müß'
'n verlegt habe', aber bem Rickes war beß Ding ver=
bächtig un' er sächt: „so bringt e' Stemmeise' un' 'n
Hammer her, ich will wisse' was in bere' Kischt is."
Jetz' zieht der Hannabam be' Schlüßl 'raus un' sächt
mit erkünschtltm Lache': „Wann mer nor der Hund

nit bo brüber kumme' wär', 's hätt' 'n Gschpaß gebe' mit 'm Louis un' Sie hätte' gewiß aach gelacht Herr Rickes. Sehen Se, ich hab' heut morge' 'n Auerhahn g'schoße' un' hab 'n bo versteckt, um 'm Louis e' Wett a'zubiete', daß ich beim helle Mittag so en' Hahn schieße woll, natürlich hätt' ber die Wett a'genumme' un' ich wär' mit mein'm Hahne' 'naus, hätt' g'schoße' un' hätt' 'n wiebber 'rei'gebracht. Sehen Se, beß is die G'schicht" un' bo hot er die Kischt uffgsperrt un' be' Hahn 'rausg'holt. Ueberbem is ber Louis brzu kumme' un' hot aach ben Hahn betracht' un' zieht uffemol zwee abgschoßene' Schwungfebbre aus 'm Gilettäschche' un' sächt: „Herr Rickes, beß is mei' Hahn, ben hot mer ber Hannabam g'stohle' uu' will uns jetz' was weiß mit mache'. Do gucke' Se, wie die Kiel vun benne' abg'schoßene Febbre' anenanner passe'."

Do is bem Förschter e' Licht uffganga' un' wüthig wenb't er sich zu bem ganz consternirte' Hannabam un' sächt: „Er nirnutziger Borsch, bin ich 'm emol uff bie Schlich kumme'?! Augenblicklich pack' er sei' stebe' Sache' 'zamme' un' heut noch geht er aus 'm Haus, ich werr' mei' Anzeig' mache'."

Un' so is er mit be' annere 'naus un' ber Hann=abam hot g'flucht zum verschrecke', un' er woll' schun noch abrechne' mit bem Rickes un' woll 'm be' rothe Hahn uff's Haus setze', er soll noch an 'n benke'. Hot nocher all' sei' Sache' in bie Kischt gschmiße' un' der Berbl g'sagt, sie soll se 'm Bote' noch Neustadt mitgebe', un' hot sei' Flint' genumme' un' is fort.

4.

O was ware' jetz' herrliche Täg' for be' Louis un' for 's Nannche', ke' Hannabam hot se mehr genirt mit sein'm ewige' Uff'passe' un' Verschwärze' un' der Förschter hot sichtlich nir gege' ihr' Liebesverhältniß g'hat, bann er hot jetz' erscht recht g'sehe', daß der Louis e' braver orbentlicher Mensch is. Daß er ben Hannabam fortgejagt, hot 'n nit reue' berfe', bann wie beß allemol so geht, so habe' sich allerhanb Leut jetz' mit ber Sproch 'rausgetraut, bie aus Forcht vorher nir g'sacht habe' un' so sin' bann bem Rickes e' Meng' Lumpereie' un' Schlechtigkeite' vun bem böse Borsch zu Ohre' kumme'. Sei' Drohunge' habe' ben Rickes aach nit verschreckt, bann so was hot er schun oft g'hört, wann er en' Braconnier erwischt un' a'gezeigt obber korzwech uff's Amt gebracht hot. Was aber aus 'm Hannabam worre' is, hot ke' Mensch gewißt, er war wie verschwunbe' un' mer hot sich gebenkt, er hätt' sich bei ber Armee a'werbe' losse' un' wär' noch Frankreich. Wann mer aber bo ke' Bsorgniß ghat hot, so war boch e' schlimmi Zeit un' Vorsicht nothwenbig, weil's an räuberischm Gsinbl nit g'fehlt hot un' bie Zigeuner sellemol in ganze' Schaare' in be' Wälder un' in be' alte' Borge' un' Schlösser 'rumgelungert sin un' g'stohle' habe', wo's möglich gewest is.

'S war vielleicht vier Woche' noch der Auerhahn=
g'schicht, so kummt gege' Obe'b e' Kerl am Haus
a'gfahre' vun lumpichm Aussehe' un' mit eme eige=
bunnene' Gsicht. 'S Nannche' is juscht unner der
Thür g'stanne' un' hot 'n gfrocht, was er will. „Ich
bin e' Pelzwaare'händler, sächt er, un' möcht' be' Herr
Förschter froge', ob er ke Fuchsbälg' hätt', ich thät se
'm abkaafa', ich kann mich nit uffhalte', will die Mamm=
sell nit froge'?" Do geht 's Nannche' 'nei un' sächt's
'm Vater un' holt der e' Duznd so Fuchsbälg', die er
g'hat hot, un' is mit bem Händler bal' eens worre'
über be' Preis un' hot der die Bälg' bezahlt. Der=
nocher sächt er, der Forschtmeeschter vun Kaiserslautre',
bei dem er aach Bälg' gekaaft hätt, der hätt' 'm
g'sagt, wann er zum Rickes käm', möcht' er 'm 'n
schöne' Gruß ausrichte' un' sage', er soll sein Ghilfe'
Louis be annere Morge' bis sieben Uhr an die Hocke'=
schneiz schicke', bo thät er be' Forschtmeeschter treffe'
un' der hätt' 'm was zu sage'. Der Förschter hot
gsagt, er woll's bsorge' un' der Mann is wiebber
weiter g'fahre' gege' Johanniskreuz zu. Die Hocke'=
schneiz war zwee gute Stunde' vum Forschthaus weg
un' is der Weg bohi' e' zeitlang der Fahrstroß noch=
gange' un' nocher in be' Wald enei'. Der Rickes hot
'm Louis bie Bstellung gsacht un' gege' fünf Uhr früh
is ber fortgange' um zur rechte Zeit am Platz zu sey'.

Er war vielleicht e' annerthalb Stund fort un' der
Rickes hot mi'm Nannche' juscht be Kaffee getrunke',

so sterzt die Verbl voll Schrecke' in die Stub un' sächt: "Um Gotteswille', Herr Förschter, 's kumme' wiedder Kosake' die Stroß' 'ruffgeritte', die quartiere' sich gewiß bei uns ei'." Der Rickes springt uff un' guckt un' richtig kumme' zwee Kosake' drher un' kerze=grad uff's Haus un' in de' Hof 'nei'. Do hot se der Hektor a'gebellt un' in dem Aageblick hört der Försch=ter e' Gebrüll vun denne' Kosake' un' hört sein' Hund schreie' un' bis er 'nausspringt, habe' die Kerl den arme' Hektor mit ihre' Spieß' schun maustodt nieder=gstoche g'hat. O Ihr verfluchte' Kerl, Ihr Unmensche', hot der Förschter gschimpft un' lamentirt un' war ganz ausenanner for Zorn, aber die Kosake' habe' mit Geschte' un' deute' zu versteh' gebe', der Hund hätt' se beiße' wolle'. Un' jetz' sin' se in's Haus un' habe' mit ihre' Peitsche' uff de' Tisch g'schlage' un' Zeiche' gemacht, daß se 'was zu trinke' wollte'. Do hot der Rickes halt doch Wei' bringe' müsse', er hätt' se lieber todtgeschlage'. Eener drvun war e' großer breetschulteriger Mann, der hot über die Stern un über's linke Aug' e' schwarzi Bind' ghat, der anner war e' kleener un' magerer derrer Kerl. Sie müsse' vum e' annere Land gewest sey, wie die erschte', dann die G'sichter ware' nit so kalmucke'haft un' die Sproch war aach anners. Sie habe' aach nit viel gered't, nor manchmol enanner 'was zugemormlt un' den Rickes drbei unheemlich firirt. Jetz' steht uffemol der große uff un' geht 'naus un' holt do e' Holzart, die nebe' der Küch' im e' Eck gelehnt un' die er wahrscheinlich beim 'reigeh' g'sehe' hot. Mit dere Art kummt er wiedder 'rei' un' geht, ohne e' Wort zu sage', uff en' Komodkaschte hi', wo der Rickes sei' Geld g'hat hot un' schlagt do mit eem' Streech die Schublade'wand nei'. Do springt der Rickes drzu un' will 'm wehre', aber jetz' packe' die zwee Kerl den alte' Mann wie zwee Wölf' mit Zähnfletsche' a' un' mit eme Höllelärm reiße' se 'n im Zimmer 'rum. Wie 's Nannche deß hört springt se im Vater sei' Schlofzimmer, reißt e' geladni Pischtol, die an sein'm Bett g'hängt is, runner un' rennt in die Stub, wo deß Geraaf gewest is. Do habe' die Kosake' den Rickes juscht uff de' Bobbm geworfe' un' der große' hot 'n am Hals g'hat. Do schießt deß Nannche', ohne sich zu besinne' uff den un' hört 'n Schlag uff de' Bobbm, in dem Aageblick springt aber der annere aus 'm Pulverdampf mit der Art uff se zu'. Jetz' rennt se de' Gang zuruck gege' de' Hof un' der Kosak mit Brülle' noch, aber an der Thür hört se uffemol hinner sich: „Halt du verfluchter Kosak!" un' wie se umguckt sieht se de' Louis, der den Kerl am Krage' gepackt un' in eener Gschwindigkeit nebe' die Kellerthür' higeworfe' un' die Art aus der Hand gerisse' hot. Do schreit der Kosak uff gut Deutsch: „Thun Se mer nix, Herr Louis, thun Se mer nix, ich bin ke' Kosak, bin e' armer Judd, der Hannabam hot mich verführt!"

Der Louis war for Erstaune' wie aus de' Wolke'

g'falle' un' b'rüber kummt der alte' Rickes ganz blaß aus der Stub un' 's Nannche' fpringt 'm mit Thräne' an be' Hals: „Um Gotteswille Vater, weil be nor lebfcht! wo is bann ber anner'?"

„„Der is borch's Fenfchter 'naus""", fächt ganz erfchöpft ber Rickes un' ruft 'm Louis zu, loß 'n nit loß, ich kumm', ich kumm! Der Louis hätt' aber fein Mann tobtgfchlage', wann er fich gemurt hätt', aber ber is ganz verftört bogelege'. Do hebt ber Förfchter bie Fallthür bum Keller uff un' fächt zum Louis: „Schmeif' 'n nunner bo ben Kofake'fpieler, baß er in fei' Quartier kummt wie's 'm g'hört" un' mit eme Ruck fchmeift ber Louis ben Jubb bie Trepp' enunner, baß er jämmerlich gegrifche' hot. Jetz habe' fe bie Thür obe' verriechelt un' 's hot e' Weil gebauert bis fe enanner habe' fage' könne' wie alles geweft is.

„Gut hofcht be' g'fchoße', fächt enblich ber Förfchter zum Nannche, bann wie ber Kerl be' Louis brauß g'hört hot un' zum Fenfchter 'naus is, hot 'm ber rechte Arm nor fo 'runnergepamblt, un' 's war richtich ber Hannabam, bann er hot wie er uff ben Schuß an bie Wand getaumlt un' hi'gfalle' is, fei' Binb verlore' un' bo hab' ich 'n glei' gekennt. Ich wollt 'n leicht gepackt habe', aber ich hab' fo g'fchwinb nit ufffteh' könne'. Aber fag' mer nor, was for e' Engl bich zurückgführt hot Louis, mei' lieber Louis, bie Kerl hätt'n uns all' umgebracht, wann be nit kumme' wärfcht."

„Ja sehen Se, sächt der Louis, die Spitzbube'! der bo im Keller is der nähmliche Jubb, der geschtert die Bstellung vum Forschtmeeschter gemacht hot, um mich vum Haus weg zu bringe', wie ich aber unnerwegs die Kerl hab' reite' sehe', hab' ich mer glei' gedenkt, daß se bo her kumme' un' daß es 'was gebe' könnt', un' so bin ich wiedder umgedreht un' bin Gottlob zur rechte' Zeit bo geweßt."

Do hot 'n der Förschter herzlich umarmt un' 's Nannche aach, natürlich, un' b'rüber laaft die Berbl mit zwee Holzknecht drher die se im Schrecke' vum e' Platz in der Näh' g'holt hot, wo die Holz gemacht habe'. „Gott sey Dank, 's is ke' Gfahr mehr, ruft 'n der Rickes zu, aber Ihr kummt grab recht, holt jetz' den Jubb aus'm Keller un' bind't 'n un' ich dictir' b'erweil 'm Nannche mei' Anzeig' un' nocher führt den Lump uff Kaiserslautre', der Louis kann uff eem vun benne' vermeentliche' Kosakegäul mitreite'."

„"Soll gschehe', sächt der Louis, aber erscht geh' ich mit de' Knecht de' Hannabam suche', daß Ihr sicher seyd."" Un' so nemmt der Louis sei' Flint' un' geht mit de' Holzknecht der Blutspur vum Hann=abam noch. Schier e' halbi Stund weit habe' s' 'n gspürt, bernocher aber nimmer, un' an dem starke' Blute' hot mehr wohl gekennt, daß er 's Zuruckkumme' bleibe' losse' un' ke' Luscht habe' werd, sein' Gäul zu hole' obber noch sein'm Kamerad zu schaue'.

Sie sin' also wiedder heem, habe' den jammernde'

Judd' gebunne' un' fin mit 'm fort wie's bstimmt war. Ei, was hot der Forschtmeeschter geguckt wie se den Kerl bringe' un' wie er dem Rickes sein' Bericht gelese' hot! Die Gschicht hot natürlich beß gröschte Uffsehe' gemacht, dann der Judd war noch obe'drei' e' Haupthahn bei ere Räuberband, die mer schun lang verfolgt hot, un' so is der Lohn for de' Louis un' for 's Nannche' nit ausgebliebe' un' e' Woch bruff is e' Försterpatent for 'n a'kumme'. Daß er jetzt glei' um's Nannche a'ghalte' un' der Rickes mit Freede' sein' Sege' brzugebe' hot, versteht sich von selber un' so habe' se g'heurat' un' sin' glücklich gewest. — Vum Hannabam hot mer aber nix mehr g'hört. —

Bum Lißche' bun Erbach.

1.

„Liebes Lische', loß e' vernünftiges Wort mit b'r rebbe'; bu bischt jetz' in be' Johr wo e' Mäbche' heurate' soll un' 's wär nit klug, e' guti Parthie auszuschlage', wann sich eeni mache' will, bann beß habe' schun viel Mäbcher bereut, baß se alls gemeent habe', 's käm was bessers nooch, aber 's is nir nooch kumme'. Sag' emol, hoscht be nic bemerkt, bas bir mei' Freund Brehm, was mer sächt bie Cour macht, natürlich nit wie e' Springinsfeld, ber sich be' Kopp schier uff'm Bobb'm ei'rennt, um sein'm Dämche 'm Hänsching uffzehebe', nee, sondern wie e' g'setzter soliber Mann thut, hoscht be beß noch nit gemerkt?"

So hot ber Schulmeeschter Kribler bun Erbach zu seiner Tochter gereb't, aber 's Lische' hot g'sagt: ""Ach lieber Vater, Er macht nor Späß, ich hab' nie' was gemerkt, obwohl ich be' Herr Brehm als Kind schun gekennt hab' un' zum e' Oekonome' thät ich gar nit passe', bann ich fercht' bie Küh' un' bie Ochse'.""

„Was soll bann beß heese' for e' groß' Mäbche', Küh' un' Ochse' ferchte'? Ich weeß' wohl, bu gehscht ihne' 's aus'm Weg, aber probir's emol un' geb'

ihne' e' bische' Brob un' Salz, bo werscht be sehe',
daß se zahm sin' wie die Schoof. Du weescht aber
aach, daß der Brehm ke' Bauer is, sondern e' rati=
oneller Oekonom, der stubirt hot un sogar die Theo=
riee' vum Liebig kennt. 'S is e' braver, verläßiger
Mann, e' Mann in be' beschte Johr un' hot e' recht
hübsches Vermöge', was willscht be' dann mehr?"

„„Aber lieber Vater, wie kummt Er uff ben Ei=
fall, der Herr Brehm hot sei' lebtag ke' Wörtche' vum
heurate' gsagt un' ich glaab, er mag gar nit heurate'.""

„Kind, stille Wasser sin' tief, ich weeß' beß besser,
er hot schun öfter bbvun a'gfange' un' hot deutlich
merke' losse', daß er an bich benkt. Ich will b'r was
sage', weil er e' Freund vun Blume' is, so bring' 'm
e' Bouquet vun Rose aus unserm Garte', ich will's
glei' schneibe', un' sag' 'n schöne Gruß vun mer, es
wäre' die erschte' die blühe' thäte'. Wann be so allee'
bei 'm bischt, so soll's mich wunnere', wann er b'r
vun seiner Passion uft sagt, un' thut er's, so sey
gscheut, schlag's nit in be' Wind, du wollscht's über=
lege' sag'; aber ich bitt' bich, sey vernünftig un' stoß'
bem Mann sor nit be' Kopp."

Un' somit is der Vater Kribler in be' Garte' un'
hot bal' e' großes Rose'bouquet brher gebracht, hot 's
Lische' nochemol ermahnt, e' gutes Töchterche' zu sey',
un' hot sich bann beß Mäbche' uff be' Weg gemacht.

Es war e' kleeni halbi Stund bis zum Haus vum
Brehm un' is der Weg zwische' Wiese un' Kornfelber

gange' un' hätt' deß Mädche' mit ihre' Rose' nerge'bs
schöner aussehe' könne' als in dere ee'fache' Landschaft
nebe' benne' reich un' üppig stehende' Felber, dann 's
Lische' war e' gar hübschi Blondin' un' frisch un'
freundlich wie ihr' Rose'. Un' deß schöne Bild sollt'
dann aach der Herr Brehm sehe', der juscht sei' Morge'=
peif aus 'm Fenschter geraacht un' in's Freie 'naus=
geguckt hot. Er hot deß Lische' schun vun weit'm ge=
kennt un' hot nocher gschwind vor 'm Spiegl e' bische
Toilette gemacht un' sein alte' Schlofrock mit eme
a'ständige Ueberrock vertauscht.

'S Mädche' is langsam in Gedanke' bahi'gange'
un' um so langsamer als se näher an dem Brehm
sei' Haus kumme' is. Sie hot aach viel zu denke'
g'hat; for's erschte an ihr'n Schatz, deß aber nit der
Brehm war, un' nocher an den, wo se jetz' e' Liebes=
erklärung hätt' hole' solle'. „Mein' Schatz geb' ich
nit uff, hot se fescht for sich g'sacht, aber wie mach
ich's daß ich mit dem Brehm ohne Verdruß dorch=
kumm'?" Sie hot den Mann als gar gutmüthig ge=
kennt un' sollt' se's dann nit wage', glei' grab 'raus
mit der Sproch zu geh'. Der Gedanke' is ihr all's
wiedder kumme' un' endlich zum B'schluß worre, nor
hot se sich noch bsunne', wie sich die unvermeidlich
mit verbunnene' Fatalitäte' milbre' ließe' un' daß deß
g'schehe' könnt', wann's ihr gelinge' thät, dem Brehm
sei' schwachi Seit' zu treffe' un' 'n so 'rumzukrieche'
un' merb. zu mache'. Jeder Mensch hot so e' schwachi

Seit' wo mer'n leicht packe' kann un' dem Brehm seini war die, daß er sich ei'gebild't hot, Alles e' bische besser zu wisse' un' mache' un' arrangire' zu könne', als annere Leut. Do hot's ke' Uffgab gebe' un' ke' verwickelte' Verhältniße, wo er nit e' Lösung gewißt hätt'. „Ei beß macht sich jo leicht so," hot er alls g'sagt, odder „wißt Ihr was ich thät? beß un' beß," un' war drbei e' Redensart vun 'm „denkt bra', der Brehm hot's gsagt." Hot mer 'n nochher über sei' Ei'fäll' gelobt odder sich gar drüber verwunnert, so hätt' mer alles vun 'm krieche' un' hätt' 'n, was mer sächt, um 'n Finger wickle' könne'. An beß hot 's Lische gedenkt un' verschiedene Plän' gemacht die se aber all' wiedder vergesse' hot, wie se an's Haus kumme' is.

Der Brehm hot ihr schun an der Thür zugerufe': „Ei gute' Morge', liebes Lische', wie kumm' dann ich zu dem Glück, daß Sie mich besuche'? Deß is jo herrlich, kumme' Se 'rei' un' trinke' Se e' Taß' Kaffee mit m'r."

„„Ich dank' Ihne, Herr Brehm, sächt 's Lische, ich hab' schun Kaffee getrunke' un' bin vum Vater hergschickt, Ihne' die erschte' Rose' aus sein'm Garte' zu bringe', er weeß', daß se' e' Liebhaber vun de' Blume' sin' un' loßt Ihne' schö' grüsse'."" Un' mit eme zierliche Knix überreicht se ihr Bouquet.

„Ei wie schö', was prächtige Rose', ich dank' halt gar höflich un' derf ich se bhalte', so möcht' ich 's

Lische' aach mit bhalte', dann deß is doch die schönscht' Ros', die mer mei' Freund gschickt hot."

Do lacht 's Mädche' un' sächt: „„Sie habe' doch alle Talent', Herr Brehm, die mer sich nor denke' kann' un' ich glaab', wann Se Gedicht' mache' wollte', Sie könntens' wie nor eener. O du lieber Gott, mir fiel nit ei' so hübsche Sache' zu sage' un' wann ich mich hunnertmol drüber bsinne' thät."'

„Is ke' so großi Kunscht, liebes Kind, sächt der Brehm gschmeichlt, ich hab jo nor sage' derfe' was wohr is un' was ich werklich vor mer seh'."

'S Lische' hot ihr Köppche' g'schüttlt un' er hot weiter gsagt, indem er ihr 'n Stuhl gebracht hot: „No' wie gehts dann alls liebes Lische?"

„„Ach Herr Brehm, 's ging schun recht, aber Sie wisse' wohl, wies drheem so einsam is, der Vater un' die Magd, die Chrischtl, un' ich, un' mehr hätt' oft 'was uff 'm Herze' un' möcht' sich 'n gute' Roth hole', un' 's git jo Sache', die mer, obwohl se gar nix un= rechts sin', eme Vater nit anvertraue' kann un' noch weniger ere Magd. Deß kummt mer oft recht hart vor."'

Der Brehm hot g'stutzt, aber um dem Mädche' zu g'falle', sächt er: „Un warum zähle Se mich nit zu der Famill', wann ich aach nit im Haus wohn', g'hör' ich doch als Schulkammrad bum Vater in die klee' G'sellschaft un' gute Rooth geb' ich allzeit gern, wann ich kann."

Do hot 's Lische' g'seufzt un' ganz kümmerlich uff

be' Bobb'm geguckt. „Sie könne' viel, sächt se', beß weeß' ich wohl, aber was ich meen', do könne' Se gewiß aach nit helfe."

Do drüber e' bische' pikirt sächt der Brehm: „Ei warum dann nit, beß wolle' mer doch emol sehe', e' gewerfiter Mann wie ich sind't oft allerhand was mer brauche' kann, wo annere nix sinne', un' beß is aach oft wie 'm Columbus sei' Ei, gar ke' Here'werk. Also 'raus mit, was bekümmert Ihne' dann, Lische'?"

„„Ach Gott, Sie sin' so gut un' wann Se mer verspreche' nit bös zu werre', so will ich Ihne' gern sage', was mich bekümmert.""

Un' do hot 'm beß hübsche Kind ihr zartes Händche gebe' un' ihm is ganz wunnerlich zu Muth worre', dann 's war als thät's 'm vorschwebe' was se sage' werd'. Aber korz gfaßt, sächt er: „'raus mit, 's werd sich schun 'was mache' losse'.""

„„Ach, Herr Brehm, sehen Se, die Gschicht is so, ich hab', wie ich im vergangene Johr bei meiner Tant' in Franke'thal uff B'such gewest bin, 'n junge' Mann vun Mann'em kenne' gelernt un' den will ich liebe' mei' lebelang un' er liebt mich aach, aber der Vater will nir vun 'm wisse'. Die Tant' muß was gemerkt un' drüber g'schriebe' habe' un' daß er e' Dichter wär' un' hätt' mer e' paar Gedicht gemacht, dann wie ich heemkumme' bin hot der Vater glei' noch denne' Gedicht g'frocht un' hot se gelese'. Obwohl gar nir drinn gstanne' is als vun der Harmonie vun Lieb'

un' Frühling un' so was, so hot er doch ganz übler
Laun' un' ernschthaft gsagt: „Lische, hot er gsagt, beß
bitt ich mer aus, beß da dir den Dichter do aus'm
Kopp schlagscht, die heutige' Dichter sin' 's mehrschte
Demokrate' un' Freigeischter un' ich mag so Leut nit."
So hat er g'sagt un' wie ich hab' erplicire' wolle',
der junge Mann wär jo ke' Dichter vun Profession,
sondern nor so nebe'her, hot mich der Vater gar nit
a'ghört un' ganz bös' a'g'fahre', ich soll ke' Wort mehr
b'rvun rebbe'. Jetz' roothe Se, lieber Herr Brehm,
was is do zu mache'?"

Do hot der Brehm freilich die Aage' groß uff=
gerisse', 's war werklich wie's 'm dunkel vorgange' is,
un' wann's schun nit gar luschtich is, vum e' Lieb=
haber uff 'n Freund rebucirt zu werre', so is e' Re=
duction uff en' väterliche Freund, wie die gegen=
wärtig' ausg'sehe' hot, noch weniger luschtig. Der
gute Mann is dann aach wie versteenert dog'sesse',
dann er hot werklich im Sinn g'hat, beim Lische'
emol a'zukloppe' un' deß schöne' Kind zu heurate'.

'S Liesche hot sei' Ueberraschung wohl bemerkt un'
sächt: „gel' e' Se, do git's ke' Hilf, ich hab' mer's ge=
denkt." Deß hot uff'n reagirt un' is der alte Ehrgeiz
„alls was zu wisse', wo annere nix mehr wisse'", uff=
emol wiebber lebendig worre'.

„Ho ho!, sächt er, nor nit glei' verzweiflt, aber
wie heest bann der Mensch un' was is er bann?"

„„Er heest Heinrich Haller un' is Musikus, un'

singt prächtig, un' beß is ebe' beß ärgerliche', daß mich der Vater nit a'höre' hot wolle', bann die Musik hot er gern un' componirt jo selber. Aber um Gotteswille', ben Name' Haller berfe' Se nit nenne', bann der steht unner benne' Gebicht, wo be' Vater so bös gemacht habe'."'

„No', so heese' mer'n Herr Heinrich, sächt der Brehm" un' b'rüber ruft 's Lische ganz entzückt: „O was e' herrlicher Ei'fall, ber is jo Gold werth, lieber Herr Brehm, mit bem Name' is er for be' Vater e' neui Person un' 's is doch sei' Name' un' thät 'n ber Vater nor emol kenne' lerne', so ging gewiß Alles gut."'

„Un' bo soll ich, sächt der Brehm e' bische bitter, ben Herr Heinrich zu mer ei'labe', weil ich aach e' Musikfreund bin, un' bo könnt' Ihr euch sehe' un' ich kann 'n 'm Vater vorstelle' un' so fort, gel' e' Se?"

Aber 's Lische hot getha' als wann se die Ironie, die in seiner Frog gelege' is, gar nit merke' thät un' springt vum Stuhl uff un' fliegt bem sunnverbrennte un' verwitterte Oekonom an be' Hals un' küßt 'n, un' ruft: „Wär's möglich, Sie wolle' 'n zu sich ei'labe' un' mit 'm Vater bekannt mache', o wie werd Alles jetz' hell un' freundlich, was bis jetz' so trüb un' traurig war, habe' Se tausend Dank, lieber, lieber Herr Brehm!"

Der Brehm hot's freilich nit so gemeent, wie sie's genumme' hot, aber der Kuß un' die Freed un' Dankbarkeit vun bem Mädche' hot 'n bann aach in's rechte Fahrwasser gebracht un' wie er se so betracht' hot

in ihrer reizndc Uffregung, so hot er bei sich ge=
benkt: „Wär' doch, weeß' Gott, schad um beß junge
Blut, wann se een nemme' müßt, ben se nit mag, —
ja wann se frei wär', aber so, nee —" un' mit bere'
Resignation is jetz' e' wahrer Eifer in 'm uffgewacht,
bie junge' Leut' zammezubringe' un' alle' Hinnerniß
zu überwinbe'. „Gebe' Se Acht, liebes Lische, sächt
er, wann ber Brehm 'was in be' Hand nemmt, muß
es geh' un' klappe', ich hoff' unser Herr Heinrich is
e' orbentlicher Mensch un' hot 'was gelernt un' so
soll sich bie Parthie mache', benke' Se bra', ber Brehm
hot's g'sagt."

'S Lische war glückselig un' is ausgemacht worre',
sie soll an ben Haller schreibe', baß er als Herr Hein=
rich uff bie klee' Villa vum Brehm kumme' soll un'
ließ 'n ber ei'labe zum e' Landaufenthalt. 'S weitere
woll' er schun bsorge', hot ber gute Brehm gsagt. —

Wie 's Lische for Freed strahlnb heemkumme' is,
hot ber alte Kribler schun ganz begierig gewart' un'
glei' gfrocht, wie's gange' hot.

„Wie ich mer's gebenkt hab', lieber Vater, sächt 's
Lische, ber Herr Brehm war recht freunblich un' lusch=
tich, hot aber ke' Wort g'sagt, baß er mich heurate'
woll'. Die Rose' habe' 'm viel Vergnüge' gemacht un'
er loßt vielmols banke' brfor."

„„Sonderbar, sächt ber Kribler, aber so gehts,
for annere Leut' weeß' ber Brehm alls was zu rothe'

un' abzumache', sich selber aber kann er nit helfe', for annere ging' er in's Feuer, for sich hot er nit Courage genug, eme simple' Mädche' zu sage', daß er se heurate will.""

No', deß Ding war gut, die Heurat hot juscht nit pressirt un' der Herr Heinrich is dann richtig mit Bichelin, Guitarre un' eme' tüchtige Pack Musikalie' beim Brehm a'kumme'. Es war e' blühender junger Mann mit eme Raphaelkopp un' schöne' schwarze Aage'.

Der Brehm hot 'n freundlich un' jetz' als Ver= trauter vum Lische empfange', hot sich glei' um sei' Verhältniß' erkundigt un' um sei' Aussichte' un' hot nocher ganz befriedigt sein' Operationsplan entworfe', um den obstinate' Kribler zu gewinne'. Drbei war sonderbar, daß sei' Plan ganz ähnlich bem war, wie 'n bei ihm selber, ohne daß er's gemerkt, 's Lische a'gewend't hot, bann er wollt' den Kribler aach beim Eitlkeitszipfl packe', der 'm gar wohl bekannt war. Der Kribler hot nähmlich' gern Lieder componirt un' hot sei' Compositione', uff die er erschrecklich viel g'halte', bem Brehm oft uff eme' alte' Cembalo vorgspielt, aber er hot se nit singe' könne' un' der Brehm aach nit, un' 's Lische aach nit', un' so war beß oft e' Jammer vun bem Kribler wann er se nor emol orbent= lich könnt' vortrage' höre', weil's 'n aach gejukt hot, die Herrlichkeit 'rauszugebe', baß se bie Welt bewunnre' könnt'. 'S war 'm aber um so mehr dra' gelege', die Sache' orbentlich singe' zu höre', weil der Cantor vun Erbach, der wohl gsunge' hot aber nit schö', allerhand Ausstellunge' bra' hot mache' wolle', daß es zu hoch nuff ging obber zu tief nunner un so allerhand, deß den Kribler geärgert hot. Jetz' war aber der Herr Heinrich wie's Lische' richtig gsagt hot, e' herrlicher Sänger, hot 'n Tenor g'hat wie e' Silberglock un' hot die schwerschte' Sache' vum Blatt weg g'sunge' un' mit der Guitarre accompagnirt. Noch e' paar Täg' geht also mei' Brehm zu sein'm Freund un' sächt, 's wär' 'm vum e' Verwandte e' borchreesnder Musikus empfohle' worre' un' weil er so schö' singe' könnt', so hätt' er 'n gebitt', e' paar Woche' beim 'm zu bleibe'. „Geb mer doch, sächt er, etliche vun deine Lieder mit obber schick mer se borch's Lische', ich loß se nocher vun mein'm Sänger ei'studire' un' übermorge' müßt Ihr zu mer kumme' zum e' musikalische Kaffee, un' do soll se der Herr Heinrich, so heest mei' Mann, singe'." Der Kribler hot die gröscht' Freed über die Nachricht g'hat un' weil er gemeent hot, der Brehm thät bei dere' Gelege'heit wiebber uff's Lische' speculire', so hot er g'sacht, er woll' erscht die beschte Lieder 'raussuche' un' 's Lische soll se 'm bringe' un' wiebber Rose' brzu.

Deß is bann aach bal' g'scheche' un' hot 's Lische' die Lieder un' die Rose' zum Ueberbringe' 'kriecht un' hot natürlich brbei die A'kunft vun ihr'm Heinrich er=

fahre'. O wie glücklich is se den Weg jetz' 'gange', der ihr vor e' paar Woche' so viel Sorge' gemacht hot. —

2.

Was is es doch schön's um e' jungi ehrlichi Lieb', um e' Lieb', die natürlich gewachse' is, wie e' Blum' im Wald, ohne Falsch un' ohne' Verkünschtlung, un' nit verzoge' un' verderbt dorch allerhand Speculatione' un' Gemeenheite', wie se leider genug in der Welt zu finne' sin'. So e' naturwüchsigi ebli Lieb' aber hot zwische' dem Lische' un' ihr'm Heinrich geblüht. —

Wie 's Lische' an's Haus vum Brehm kumme' is, hot der wiedder mit seiner P'eif' beim Fenschter 'rausgeguckt un' wie er se g'sehe', hot er dem Heinrich gerufe' un' is der zum Empfang 'nausgsprunge'. „Mei' Heinrich! mei' Lische!" un' sie sin' sich in be' Arm gelege' un' der Brehm hot nit gewehrt un' sin' 'm die Aage' übergange, er hot nit gewißt warum.

Jetz' is dann nocher viel verzählt un' besproche' worre' un' der Heinrich hot aach glei' die Lieder dorchg'sehe'. „Ei der Tausend, sächt er, do sin' gute Sache' drbei, o Lische', ich will mer alli Müh' gebe', daß ich se schö' vortrag'." Un' een's beß vun der Lieb g'handlt hot, beß hot er glei' g'sunge' un' so schö' hot er's g'sunge', daß der Brehm selber g'sagt hot, er hätt' nie so 'was g'hört. „Ich will's aach 'm Vater glei' verzähle', sächt's Lische, gewiß hot er e'

großi Freed b'rüber." — Wie se fort is, hot se der
Heinrich noch e' Stück Weg's begleit', die junge' Leut
ware' voll Hoffnung un' Glückseligkeit.

Un' der mufikalische Kaffee is geweft un' war aach
der Cantor un' sei' Fraa ei'gelade'. Un' wie der
Heinrich a'gfange' hot finge', so war nor ee' Erstaune'
un' der Kribler hot for Entzücke' 's Maul nimmer
'zammegebracht un' der Cantor hot bekenne' müsse',
daß kc' Fehler an be' Lieder wär', es thät sich beß
erscht jetz' zeige', wo se so e' ausgezeichneter Künschtler
g'sunge' hätt'. Wie die Lieder g'sunge' ware', hot der
Brehm den Kribler abseits in e' Fenschter gezoge' un'
sächt: „Kribler geb Acht, mei' Sänger macht dich
noch zum e' berühmte Mann mit dene Lieder." Do
hot der Kribler die Ohre' gewaltig g'spitzt un' sächt:
„du bischt zu gütig, aber ich meen selber, die Lieder
sin' gut." „„Gut? sächt der Brehm, ausgezeichnet
sin' se, du muscht aber schun dem junge' Mann e'
bische' schö' thu', verstehschct be, daß er emol im e'
orbentliche' Concert 'was vun b'r singt, 's is e' recht
artiger Mensch, aber du weescht, so Künschtler wolle'
all's e' bische' g'hätschlt sey'."

„„Ja ja, du hoscht recht, sächt der Kribler, un'
is scharmant mit bem Heinrich geweft un' hot 'n zum
Esse' ei'gelabe' un' hot 'n fetirt wie er gekönnt hot,
bann der Gedanke' „ber macht dich noch zum e' be=
rühmte Mann mit beine' Lieder" is 'm nimmer aus
'm Kopp 'gange'. Der Heinrich is bann oft in's

Haus kumme' un' do hot natürlich nit verborge' bleibe' könne', daß er 's Lische' gar zärtlich betracht' hot un' sie ihn aach, un' ebe'so hot der Kribler bemerkt, daß der Brehm über deß Gethu' vun denne' junge' Leut sich eher g'freut hot, als daß er eifersüchtig obber bös worre' wär'.

Do is der Kribler uffemol brummig worre' un' bsunners gege' 's Lische' un' bei Gelege'heit hot er sich gege' sein' Freund b'rüber ausgsproche'.

„Sich! Brehm, sächt er, es will sich zwische' dem Heinrich un' 'm Lische' e' Verhältniß mache' un' deß is mer nit recht. Ich weeß' wohl, daß mei' Lische' e' braves ordentliches Mädche' is, aber 's g'fallt mer nit, daß se ihr Neigunge' so gschwind wechsle' kann. 'S is noch ke' Johr, daß se bei meiner Schweschter in Franke'thal war un' do hot mer die gschriebe', daß e' gewisser Haller, e' Dichter, 'n tiefe' Ei'druck uff's Lische' gemacht hätt' un' ich hab' wohl zwische' de' Zeile' lese' könne', daß sich sogar e' werkliche Liebschaft a'gspunne' hot. Du weescht mei' A'sichte' über die Poete' un' über's Versmache'; gel' e' Wolk', vun der Aurora bescheint, sicht aus wie e' lebendiges Feuer, aber der Ofe' in der Stub' werd nit warm bruun un' vun' Rose' un Vergißmei'nicht kann mer ke' Brod backe'. So is es un' drum hab' ich energisch gege' 'm Lische' sei' Verhältniß zu dem Haller protestirt un' doch g'steh' ich, daß es mer widderwertig is, daß 'n deß Mädche' so g'schwind vergesse' hot un' jetz' mit dem Heinrich grab so thut, wie sellemol mit dem annere."

Der Brehm hot Müh' g'hat, nit zu lache' un' sächt, ohne' uff die Reflexione' vum Kribler ei'zugeh: „„der Heinrich wär' e' guti Parthie for's Lische, der macht emol sei Carriere.""

„Ja, sächt der Kribler, ich hab selber schun dra' gedenkt un' 's wär' doch aach for unser' Famill e' Ehr', wann mer vun meine' Compositione' rebbe' thät, deß wär Alles recht schö' un' gut, aber wer steht mer drfor, daß 'n 's Lische' aach werklich so gern hot, wie's zum heurate' g'hört un' daß ihr nit morge' wiebber e' annerer g'fallt. So a'genehm als mer der Heinrich is, so muß ich doch sage', daß es mir lieb wär', wann er vorläufig abreese thät, ich thät mich nocher am Lische' besser auskenne'."

„„No' sich! Kribler, deß macht sich in de' nächste Tag', dann der Heinrich hot 'n Ruf an e' Kapell' in Meenz 'kriecht un' muß fort. Ich hab' br deß schun sage' wolle' un' zugleich, daß ich morge e' Abschieds= Diner for 'n gebe' will. Do kummscht be mit 'm Lische un' do wolle' mer bei' Wein'lieber singe' un' recht luschtich sey'; 's annere wolle' mer der Zeit überlosse'.""

Der Kribler war's zufriede' un' der Brehm un' 's Lische sin' noch in de' Garte' gange', Blume' zu hole', un' hot nocher deß Mädche 'm Vater g'sagt, wie se sich uff deß Abschiedsbiner freue' thät, deß thät gewiß recht luschtig werre'.

„Wie kann se sich bo brüber freue', hot der Krib=
ler bei sich gedenkt, mer freut sich doch nit, wann een's
fortgeht, beß mer gern hot; ich versteh's nit, nor beß
is mer klar, daß 's Lische' wiebber in die Stadt muß
um mehr junge Leut' zu sehe', dann bei so eme un=
erfahrene Ding is leicht Hahn im Korb sey', wann
nor ee' Hahn bo is." —

Der Tag for 's Abschieds=Diner is kumme', die
Eßstub beim Brehm war mit grüne' Kränz' geziert,
der Tisch prächtig gedeckt, un' Alles feschtlich hergericht'.
Der Brehm hot ben Kribler un' 's Lische mit seiner Equi=
page abhole' losse' un' hot ber Kribler 'n schwarze Frack
a'g'hat un' e' weißi Cravatt', un' 's Lische' hot wie e'
weißes Täubche' ausgsehe', so sei' un' so nett un' hot
ihr e' zierliches Rose'sträußche' vor der Bruscht gar gut'
g'stanne'; der Cantor als alter Hausfreund war aach
bo un' sie, e' guti huzlichi Zahnraffl, die aber 's
Lische' gar gern g'hat hot. Alles is ganz vergnügt
gewest un' 's war eher als wann's e' A'kunftsbiner
for be' Herr Heinrich wär', dann der war aach im
beschte Humor. Wie dann e' hübscher Theel vun der
uffg'stellte Weinbibliothek ausgelese' war un' der Hein=
rich hot a'gfange' zu singe', so is es wie e' wahri
Glorie über bie klee' Gsellschaft kumme'. Am mehrschte
Effect hot aber 'm Kribler sei' Composition zu bem
alte Lied vun Novalis gemacht:

„Auf grünen Bergen ward geboren
Der Gott der uns den Himmel bringt ꝛc."

Wie beß g'funge' war, hot sich dann aach der Kribler nit enthalte' könne', bem Heinrich 'n Toast auszubringe' un' is uffgstanne' un' hot ganz begeischtert g'sagt: dem Sänger bring ich e' Hoch aus, der's versteht wie kenner, e' Lied lebendich zu mache' un' daß es wohl= thätig farbig wie e' prismatischer Sunne'strahl zum Herze' bringt; bem Sänger bring' ich's, der Kunscht un' Natur so herrlich in harmonischm Klang zu ver= binne' weeß, vivat hoch, es leb' der Herr Heinrich! — Un' do habe' se gerufe' hoch! der Brehm hot aber gsagt: „lieber Kribler, bei so eme Toast muß mer ben Mann beim ganze' Name' nenne', es leb' unser Heinrich Haller hoch!" un' 's Lische un' die annere habe' wiedder gerufe', dem Kribler aber is die Stimm' stecke' gebliebe'. „Ja lieber Freund, sächt der Brehm, beß is der nähmliche Haller, der die Gedicht gemacht hot, die be' kennscht, der 's Lische' liebt un' den sie liebt un' for ben ich jetz' um se anhalt'; bein'm alte Freund werscht es nit übl nemme', wann er die G'schicht gericht' un' arrangirt hot, wie se 'gange' is un' hot's der Brehm recht gemacht, so b'sinn' dich nit un' sag' Ja! — Un' do hot der Kribler gerufe': „Ja! un' noch= emol vun Herze' Ja!" un' is 'm Lische' um be' Hals g'falle' un' hot se' so zärtlich geküßt wie nie, dann er hot ihr jo was abzubitte' g'hat. Un' beß Ab= schiedsfescht is e' Verlobungsfescht worre' un' der Haller un' Lische' e' glückliches Paar. —

Un' so sicht mer aus bere' kleene' G'schicht', wie

es gut ei'gericht is, daß jeder Mensch sei' schwachi Seit hot, dann wer weeß' wann beß nit wär', ob nit der Brehm un' der Kribler mit ihre' Projekt um 's Lische' bockbeenig gebliebe' wäre' un' nocher hätt' beß gute Kind am End ihr'n Heinrich gar nit 'kriecht. —

Drei Freier.

Genrebild in einem Akte.

Personen.

Christina Appl, Holzhändlerswittwe.
Gustl, ihre Tochter.
Kaspar Semser, Weinhändler.
Philipp Berger, Maler.
Jean-Baptiste, Jäger.

Die Scene spielt in einem Dorfe bei Neustadt a. d. H.

1. Scene.

Wald. Semfer auf einer Rasenbank. Später
Jean=Baptiste.

Semfer (ein Schreibbuch in der Hand, in das er öfters hineinsieht). 'S is doch e' wahres Elend for 'n vernünftige' Mann, wann 'n die Lieb sekire' thut. Der Franzos sächt nit umesunscht: Vive la pipe, le diable emporte l'amour! Ja emporte! nix emporte! wo se sich emol ei'genischt hot, do sitzt se feschd, ja recht feschd aach noch! Wie oft hab' ich zu mir gsacht: Kaschper sei gscheidt, guck die Mädcher nit zu viel 'a, 's is nix mit 'n, sie führe' dich doch nor an der Nas' rum, Kaschper nemm dich in Acht, verlier' ,bei' Freiheit nit un' so fort. Ja wohl! Do zwickt die Guschtl die Aage' nor e' bische' zamma un' lacht mit ihre Perle'zähn un' alli Philoso= phie is wie weggeblose'. No' ke' Unglück kann mers am End freilich aach nit nenne', wann ich se heurat', 's is nor so widderwärtig, daß mer so viel borch= mache' muß bis es endlich dzu kummt. Un' e' Spitzbu' is die Guschtl, wie ihr nor ei'fallt mich Räthsl rothe' zu losse', un' glei' drei, eens verzwickter als deß anner'. Bsinn mich schun zwee Täg' über deß dumme Zeug un' kann halt nix 'rauskrieche'.

(Schaut wieder studirend in das Buch.)

Jean=Baptiste (von der Seite kommend und den Semser sehend). Die Gränk nochemol, is beß nit beß dicke Männche, beß sich an die Guschtl mache' will un' als Bouquet=cher un' Obst un' Wei' schickt. Wart Kerlche, du kummscht mer grab recht. He Monsieur! Was habe' Se bo in dem Wald zu thu'?

Semser (fährt auf und schaut den Jäger verwundert an). Was ich bo zu thu' hab', beß werd wohl be' Herr Jägers=mann nix a'geh', meen ich, he?

Jean=Baptiste. Nor nit naseweis, sunscht geh'n Se mit mer, versteh'n Se mich?

Semser. Ja was fallt Ihne' dann ei', mer werd' boch unner eme Baam hocke' derfe?

Jean=Baptiste. Un' Schlinge' lege', gel' un' ausspionire', wo die Reh die Wechsl habe' un' bei Ge=legeheit e' Auerhenn tobt schlage' so im Spatziregeh, die Späß kenne' mer all'.

Semser. Aber um's Himmelswille' Herr Förschter, ich seh boch kemm' Braconnier gleich. Wisse' Se, wer ich bin? beß will ich Ihne' sage', ich bin der Wei'=händler Semser vun Neustadt, hab' mich erscht etablirt bo, un' bin e' vermöglicher Mann!

Jean=Baptiste. So? Sie sin' der Semser, der alls der schöne Guschtl nachschleicht wie e' Fuchs eme junge Hinkel. Merke' Se sich, die Guschtl is mei' Schatz un' Sie untersteh'n sich nimmer, bo Visite' un' Couralie' zu mache', beß sag' ich Ihne'.

Semser (springt auf). Ja, was Dunnerwetter noch=

mol, Sie werre' mer wohl nit vorzuschreibe' habe', wo ich hi'geh' soll un' wo nit, un' wann Se voller Herschfänger un' Flinte' hänge' thäte'. Sie könne' Ihr' Späß mit eme Jüngling wie der Moler Berger is, probire', der aach zu Appl's kummt, aber mich verschrecke' Se nit un' wann Se hunnertmol der berüchtigte Jean=Baptiste selber wäre'.

Jean=Baptiste. Was? berüchtigt? ich bin der Jean=Baptiste, un' nochemol so e' Wort, so gebe' Se Acht, wie ich mit Ihne' umspring'.

Semser. No, no, no, berühmt hab' ich sage' wolle', aber in der Terkei lebe mer' nit, mei' lieber Freund, mir habe' unser gute Institutione', wo be' ordentliche Mann schütze' un' mer habe' unser Assise un' 'n Code penale un' nochemol sag' ich's, ich geh' hi' wo ich will un' loß mich nit verschrecke' un' loß mich nit comandire'. Un' wär' der Herr Jean=Baptiste bei der Guschtl Hahn im Korb, so hätt' ich aach was bruun g'hört, beß is aber nit so un' ich sag's Ihne' in's Gsicht, alle Respect for Ihrer Stärk' un' Corage, aber so e' zartes Mädche wär' doch nix for Ihne'.

Jean=Baptiste. Aber for Ihne' wär' se, ei guck eener emol beß zarte Männche, so zart wie e' Burgunderfaß, kann sei', daß die Reef bun Silber sin' un' daß bie beß Mädche locke' solle'. Desto schlimmer. Ich hab's Ihne gsacht, daß ich's nit leibe' will', wie Se der Guschtl nochlaafa, un' ich leib's aach nit, benke' Se an mich. (Drohend ab.)

Semser. Was deß an' impertinenter Mensch is, so 'was is mer doch noch nit vorkumme, bo sin' die Baure im Odewald noch Engl bagege'. Deß ging noch ab, statt der Guschtl ihr Hand zu krieche', die Tatze' vun dem Bär uff'm Leib zu habe'. 'S Glück is nor, daß er selte' zu Appl's kumme kann, weil er zu weit wech wohnt un' weil 'm 'n Wildbieb zu fange' über Guschtl un' Heurat un' Alles geht. Jean=Baptiste?! was sich der Borsch nor' ei'bilb't! Tragt der Renomischt 'n Herschfänger un' git ke' Hersch uff ke' Meil' Wegs! Ne', mei' Lieber, du machscht mer die Gäul nit scheu un' die silberne Reef sin' am End' boch mehr werth als bei' Eise=freßerei. Die Guschtl kann mich gut leibe', beß is gewiß, ich versteh nor nit, warum se alls lacht, wann ich uff e' Heurat a'spiel', was is dann bo zu lache', un' mir zuzumuthe' Räthsl uffzclöse', beß is boch aach e' Ei'fall wie e' Haus. Aber so sin' die Mädcher un' beß is die Gschicht, grab weil se so sin', sin' se pikant. Die dumme Räthsl ärgern mich, aber wart'! bo is der alte Paschtor der alls in die Wei'stub kummt, der kennt allerhand so Späß, der muß se 'rauskrieche', ich sag', ich hätt' se emol im e' Blättche' gelese'. Aber nocher, mei' liebi Guschtl, loß ich mich uff so Zeug nimmer ei', aut oder n'aut heeßt's nocher un' was gilt's, sie werd die Madame Semser un' bem Jean=Baptiste macht mer (Gebehrbe mit der Hand) — e' langi Nas'. (Ab.)

(Verwandlung.)

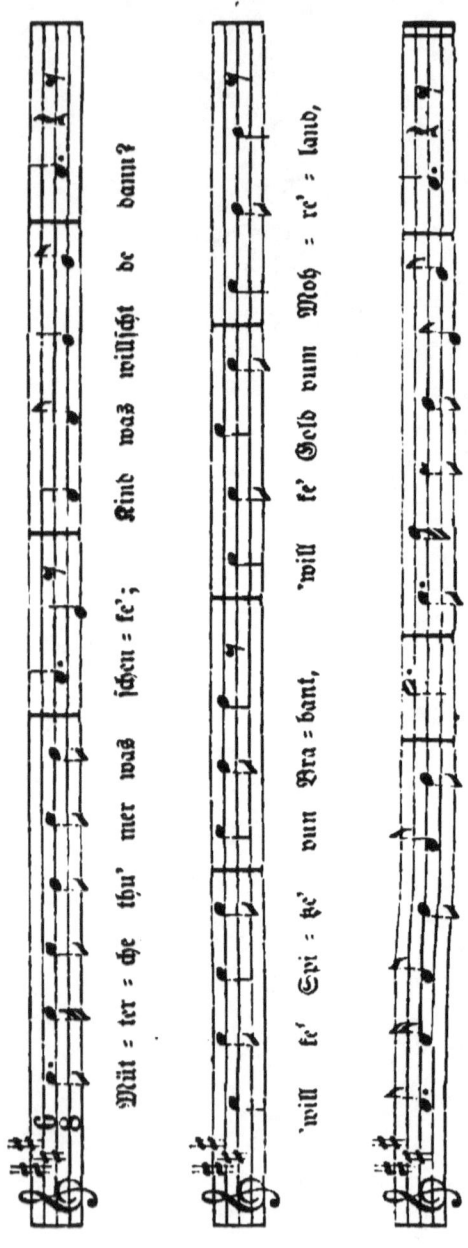

2. Scene.

Das Innere eines ländlichen Hauses, Zimmer und anstoßende Kammer (links). Neben der Mittelthüre, die in's Zimmer führt, hängt rechts an der Wand das Bild eines Mädchens, der Gustl. Auf einem Tisch ein Blumenstrauß, Visitenkarte.

Gustl tritt auf.

(Den Strauß sehend) Guck emol, schun wieder e' Bouquettche', gewiß vum Herr Semser. (Sieht die Karte.) Ja richtig, un' wie zärtlich „dem holde' Gustche". O mei' lieber Herr Semser, deß Blume'schicke' könnte' Se sich spare', 's helft Ihne' doch nir. 'S is schun merkwürdig, daß der gute Mann gar nit merke' will, daß ich 'n nit mag. So grab 'raus kann mer's doch aach nit sage', deß thät sich jo nit schicke', aber hinnerum hab' ich's oft genug zu versteh' gebe', aber er merkt's nit. Ich wollt' noch nir sage'; wann er mein' liebe Philipp nie g'sehe' hätt', aber er kennt 'n recht gut un' wees, daß er mer g'fallt. Wann er jetz' nor e' bische sei' dicki Knolle'figur mit dem schlanke' hübsche' Philipp vergleiche' wollt', so müßt er doch selber druff kumme' daß mer der besser gfalle' muß wie er, aber nee. Er meent halt sei' Geld thät Alles ersetze'. Ach Gott, hätt' mei' Philipp obber ich nor die Hälft' bruun, so wär's lang gut, aber er hot wenig un' ich schier nir, deß sin' böse Aussichte'.

(Beschäftigt sich mit Wäsche oder dergl. und singt.)

Lied.

Mütterche' thu' mer 'was schenke',
Kind was willscht be daun? —
Will ke' Spitze' vun Brabant,
Will ke' Gold vum Mohre'land,
Mütterche' schenk mer 'n Mann! rep.

Mädche' was thuscht de' verlange',
Loß die Männer geh',
O sie sin' all' eenerlei,
Sin' gar bös' un' kenner treu,
Bleib' du nor lieber allee'. rep.

Mütterche', kann nit begreife',
Wie mer deß sage' kann,
Eener doch is, den ich weeß',
Der is treu un' is nit bös',
Geb' mer den eene zum Mann! rep.

(Philipp tritt ein.)

Ei do is er! (springt ihm entgegen.) Schöne gute Morge' lieber Philipp!

Philipp. Guten Morgen, herzallerliebstes Gustchen, gelt', ich komm' ein bischen spät, ich muß dir sagen, ich fahre heute Mittag nach Mannheim, wegen meines Projekts, wegen des gewissen Conservators, und da hatte ich noch allerlei zu besorgen.

Gustl. Wann's nor gut geht, lieber Philipp, dann sich! die Mutter meent bis jetz' alls noch, 's wär' nor so zum Spaß, daß be'. mer hübsche Sache' sächscht un' mei' Bild so schö' gemolt hoscht, wie s' es aber nemme thät, wann se wißt, wie's e' heiliger

Ernscht is un' wie mer nie enanner losse' wolle', gel' lieber Philipp, nie, nie, was se do sage' thät weeß' ich nit.

Philipp. Sei ruhig, liebes Kind, es wird sich Alles machen. Mein letztes Bild hat in Mannheim gut gefallen und der Kunstverein hat es gekauft, auch schreibt mir ein Freund, daß die Gräfin Rockdorf ein ähnliches für ihren Mann bestellen will. Wenn ich nur einmal bekannt bin, so wird es an Arbeit nicht fehlen. Aber Geduld müssen wir haben. Ach liebe Gustl, ich gebe wohl gute Lehren, hab' aber selber keine Geduld und du, die morgen nach Gefallen eine reiche Frau werden kann, eine Madame Semser, wird dich die Geduld nicht verlassen?

Gustl (lacht). Ach Philipp, mit dem gute Semser hab' ich die Tag 'n Spaß g'hat, deß muß ich b'r erzähle'. Er hot mer wiedder um Heurate' vorgebabbelt un' um 'n los zu werre', sag ich, e' alti Baš', die Kathrin, hätt' mer gsacht, wann ich heurate will, soll ich jo be' Verstand prüfe' vun mein'm künftige' Mann, dann wann mer do nit gut zamestimme' thäte, wär's nir. Dernocher frocht er, wie ich dann beß a'fange' woll'. Jetz' hab' ich gsacht, die Baš' hätt' mer Räthsl gebe', die soll ich rothe' losse', un' an dem thät ich's kenne', un' sag' 'm die Räthsl, die hot aach die Kathrin werklich selber gemacht.

Philipp. Nun da bin ich begierig, aber ich bitte dich, zähl' nicht darauf, daß ich sie herausbringe.

Gustl. Ei bewahr'. Jetz' geb' Acht, 's sin' drei. Deß erschte is, was is beß?

      Zu Weißeborg im Dum
      Do wachst e' geeli Blum
      Un' wer die geel' Blum will habe',
      Der muß ganz' Weißeborg verschlage'.

Gel' is hübsch?

Philipp. Ja hübsch, aber wer bringt's 'raus.

Gustl. Deß is jo ebe' die Gschicht. Sich! Philipp, beß is der Dotter im Ei, weescht de', der Dotter is die geel' Blum un' 's anner is Weißeborg. Gel' hübsch. Jetz geb Acht, beeß zweete is:

      Wann se kumme' so kumme se nit
      Un' wann se nit kumme' so kumme se?

Philipp. Aber diese Jdee, wie einem nur so etwas einfallen kann!

Gustl. Verstehscht de beß sin' die Taube' un' die Erbse', wann im Frühjohr die Taube' kumme', so kumme die Erbse' nit un' wann' die Erbse' kumme', kumme' die Taube nit. Gel' is ganz richtig. Un' beß britte is: Ringsrum bloo un' in der Mitt' e' Quetsche'kern un' doch ke' Quetsch. Philipp sich! beß is e' bayrischer Soldat, der 'n Quetsche'kern gschluckt hot!

Philipp. Ei Gustl, das ist der Fourirschütz vom Oberst Trenk in Mainz, der schluckt „die Kern mit be Quetsche". O du armer Semser! Aber Gustl, das hätt' ich nie geglaubt, daß du die Leute so necken kannst.

Gustl. Ei lieber Philipp, ich muß doch aach e'

bische' 'n Spaß habe' for die Langweil, die mer der
Semser mit seine' Zärtlichkeite' macht, und vielleicht
kummt's 'm doch emol, daß er denkt, 's is nir mit'
m'r un' loßt mich in Ruh.

Philipp. Goldige Gustl, wie froh bin ich, daß
mir die Aufgabe nicht geworden, mit diesen Räthseln
deine Liebe zu gewinnen, aber was thust du denn, wenn
sie der Semser doch auf irgend eine Art herausbringt?

Gustl (lacht). An deß hab' ich noch gar nit gedenkt,
werd' mer schun 'was ei'falle'. Aber e' annri Sorg'
is es, die mich quält. Du kennscht jo den Jäger, den
Jean=Baptiste?

Philipp. Gewiß, ich habe den Burschen ein
paarmal im Wald gesehen und er betrachtete mich
immer mit wilden herausfordernden Blicken; das war
mir aber gerade recht, denn nun bildet er als Lands=
knecht die Hauptfigur in meinem neuesten Bilde.

Gustl. Philipp, ich sag' d'r, der Jean=Baptiste is
e' böser Mensch un' e' gewaltthätiger Borsch, mer
sächt er hätt' schun 'n Bauer todtgschoße' un' eme
Müller hot er 'n Arm abgschlage' beim Streit im
Werthshaus. Er is früher als emol zu uns kumme'
un' hot bsunners mit der Mutter freundlich gethan,
aber 's letschtemol, 's werd jetz' acht Täg' sei, daß er
do war, ich sag' bir do hot er mich so widderwärtig
zärtlich a'geguckt, daß mer ganz unheemlich worre' is.
Dernocher sächt er: „Guschtl, du muscht aach schieße'
un' jage' lerne', dann beß g'hört sich for 'e Jägers=

fraa." Jetzt hab' ich gsacht, warum ich dann e' Jägers=
fraa werre' foll, fiel mer gar nit ei' un' bo fächt er
recht frech: „werb b'r fchun eifalle' mei' Schatz, beß
weef' der Jean=Baptifte beffer."

Philipp. Es wird ihn boch die Mutter nicht
protegiren?

Guftl. Mei' Gott, die Mutter fercht't 'n wie ich,
aber fich! emol hätt' die Mutter recht nothwendig 100
Gulde' gebraucht, e' alti Schuld zu zahle', an die fe'
Menfch mer gedenkt hot un' fie hot's nit g'hat un'
erzählt bruun, wie er jufcht do war. Do hot er gfacht,
Fraa Appl, die 100 Gulde' geb' ich Jhne', fie fin'
bei Jhne' gut uffghobe'. Die Mutter hot's freilich
nit a'genumme' aber ob's es nit hinnenoch doch getha'
hot, beß weef' ich nit, 's wär' erfchrecklich, wann fe
gege' den Menfche' e' Verbinblichkeit hätt'.

Philipp. Ei liebe Guftl, da mach dir keine
Sorgen, hab' ich auch wenig, mit hundert Gulden
kann ich doch auch aushelfen; fuch' nur von der Mutter
zu erfahren, wie es fteht, ich geb' bir das Geld von
Herzen gern.

Guftl (nimmt ihn bei der Hand). O mei' Philipp, du
bifcht recht gut.

Philipp. Und will er mit Gewalt Händel haben,
nun wohl, fo foll er's probiren, ich will mir fchon
Ruhe verfchaffen.

Guftl. O du lieber Himml, nor fo 'was nit,

aber ich hoff', die Mutter is 'm nir schuldig, 's is mer nor so ei'gfalle'. (Man hört eine Uhr schlagen.)

Philipp. Horch jetzt schlägt's elf Uhr, Kind jetzt muß ich fort. —

Gustl. Un' ich geh' noch e' bische' mit d'r, kumm geh' mer durch de' Garte über die Wies' (setzt einen Stroh= hut auf) so, (im Abgehen) do is es näher un' könne' mer noch e' bische' plaubre. (ab.)

3. Scene.

Die Mutter Appl tritt auf, dann Semser, später Gustl.

Appl (bleibt einen Augenblick vor dem Bild steh'n, geht dann in den Vordergrund, einen Brief in der Hand). O du guti Guschtl, was beß noch werre' werd. Ich weeß' nit was sich e' Mutter wünsche' soll, e' hübschi Tochter oder ke' hübschi. Ich meen schier ke' hübschi wär' besser, dann do is doch e' Ruh im Haus un' wann se brav und gscheidt is, kriecht se ihr'n Mann aach, dann Heurate' un' Courmache' is zweeerlei. Wann aber eene hübsch is, was is beß for e' Gelaaf und Gethu vun ältere Männer grad so wie vun be' junge Leut. Un' wer weeß' wann se eener heurat', ob er se nit bloß wege ihr'm schöne G'sichtche nemmt un' wie lang 's mit 'm Schö'sei' bauert, do könnt' ich e' Lied bruun singe', dann ich war grad so e' hübsches Mädche' wie die Guschtl. Was mer beß Kind Sorge' macht! Der Berger is gar nix als e' guter Jung un' der g'fallt ihr, beß hab' ich wohl gemerkt, der Semser wär ke' so übli Parthie, aber den mag se nit un' jetz' die Gschicht' mit dem Jean=Baptiste, ich weeß gar nit wo mer der Kopp steht.

Semser (unter der Thür). Stör' ich nit, Fraa Appl?

Appl. Ah der Herr Semser, kumme' Se nor 'rei'. Sie mache' heut zeitig Ihr'n Spaziergang.

Semser. Hab' g'hört, daß morge' der Fraa Chrischtina Appl Ihr Name'stag is un' do hab' ich mei' Gratulation heut schun mache' wolle'.

Appl. Sie sin' zu gütig, ich bedank' mich gar schö', Herr Semser, wie geht's Ihne' dann mit Ihr'm neue Landhaus, sin' se zufriede'?

Semser. So ziemlich, Fraa Appl, wisse' Se, e' bische' einsam kummt's mer for, 's fehlt mer so, was mer sächt, e' Ansprach, aber ich hoff' beß macht sich aach, dann sehen Se, Fraa Appl, ich will heurate'.

Appl. Ei was un' derf mer wisse' wen?

Semser. O Sie kenne' mei' Auserwählti gar gut, 's is e' recht hübsches braves Mädche' un' ich denk' mir sin' so weit nit bunanner, sie will 'n ver= verständige', mer derft schun sage' 'n geischtreiche' Mann un' ich meen, ich kann die Prob' b'steh'. Natürlich, liebe' Fraa Appl, in meine Verhältniß un wänn mer so e' groß' Geschäft hot, do is nit genug, daß Spiri= tus im Wei' is, 's muß aach e' bische' eener im Kopp sei', dann Sie wisse' wohl, jetziger Zeit, wo die Cham= pagnerfabrikation so e' wichtigi Roll' spielt, muß unser cenes schun e' bische' mehr wisse' un' studire' als vor fufzig Johr, denke' Se nor an die Chemie.

Appl. Die Chemie, Sie werre' doch, nemm' e' S' es nit übl, wann ich so schwätz', Sie werre' doch Ihr Wei' nit schmiere'?

Semfer. Ei warum nit gar, aber wisse' Se, die Chemie braucht mer schun for die Entwicklung der Kohlensäure!

Appl. Der Kohlensäure?!

Semfer. Ja mei' liebi Fraa, sehen Se die Kohlen= säure is es, die de' Knall macht un' wisse' Se beß luschtiche' Moussire', beß ist die Kohlensäure!

Appl (verwundert.) Deß is die Kohlensäure? do hab' ich mei' Lebtag nix dvun g'hört.

Semfer. Ja sehen Se, beß is halt der Fort= schritt, es is mühsam mitzelaafa, aber Sie begreife', beß weckt de' Verstand, beß bringt 'n vora'!

Gustl (tritt auf). Gute' Morge', Mutter, 'fehl mich, Herr Semfer.

Semfer. Ah! Fräule Guschtche, aach schun spazire' geweft?

Appl. Warscht de' im Garte'?

Gustl. E' bische', Mutter, 's is schö' heut im Garte' un' do is unser Nachber, der Herr Berger, durchgange', weil 's der nähere Weg uff die Eisebahn is un' do bin ich e' Stückche' mit 'm gange', er is noch Mannem.

Semfer. Sage' Se nor, wer is dann der Ber=

ger, daß er e' Moler is weeß' ich wohl, aber was thut er dann alls hier? Er is ke' Pälzer?

Gustl (setzt sich an den Tisch.) Ich dank' for's Bouquet, Herr Semser, deß sin' jo prächtige Rose'. Ja der Berger, sage' Se, was er hier thut, er molt, er is vun drübe' 'rüber, aus Bayre', un' is schun e' zeitlang in Mannem, aber wisse' Se, er molt lieber hier, er sächt 's is schöner hier.

Semser. Do hot er freilich recht, mir g'fallt 's hier aach besser als in Neustadt un' is ke' Wunner (während dem macht sich die Alte an einem Kasten zu thun und trägt Leinenzeug weg und geht ab. Semser fährt fort) un' wisse' Se, Guschtche, warum 's mer hier besser g'fallt, — wege' Ihne', weil Sie do sin'.

Gustl. Mei' geh'n Se, was wär' so bsunners an mir?

Semser. Sehen Se, deß g'fallt mer so an Ihne', daß Se vum e' Mann Spiritus, Phantasie, Poesie un' so was verlange', was mer nit alle Tag finne' thut.

Gustl. An was habe' Se dann deß gemerkt?

Semser. Ja sehen Se, der Semser merkt allerhand, wo mer net bra' denk, mer sicht's 'm nit a', un' meene Se dann ich hätt' die Räthsl, die Se mer uffgebe' habe', nor for e' Späßche' genumme'? Ne, lieb's Guschtche, 's is richtig, mer kann brmit uff e' luschtigi Art werklich e' Prob' mache' wie bei 'm Verstand der Barometer steht, gel 'e Se.

Gustl. Ei richtig die Räthsl, no' habe' Se eens 'rausgebracht?

Semser. Alle brei hab' ich se: Dotter im Ei, Taube un' Erbse', bayrischer Soldat mit 'm Quetschekern! Aha, habe' mer 's Mädche' g'fangt, sächt se jetz' ja? soll ich die Mutter rufe'?

Gustl. O bewahr', 's war nor e' Spaß vun mer, aber doch wär's besser geweſt, Herr Semser, wann Se die Räthsl nit 'rausgebracht hätte'.

Semser. So? un' warum dann? was soll dann beß wiedder sei'?

Gustl. Ja sehen Se, mei' Baf' hot gsacht, Guschtl, 'n Mann, der die Räthsl b'erroth', den nemm jo nit, dann der is viel zu gscheibt for dich, nebe' so eem bleibschst be e' Gänsche' bei' Lebtag un' derfſcht gar kenn' Wille' habe' un' ke' Meenung un' gar nir.

Semser. Was?! Die Baf' hot ihr Raupe', beß merk' ich, aber 's helft doch nir. Wahrhaftich Guschtche, die Baf' hot recht, ja recht hot se, wer die Räthsl 'rauskriecht muß 'n übermenschliche' Kopp habe', aber glücklicherweis kann ich schwöre, daß ich se nit 'rausgebracht hab', ne' Guschtche gewiß nit. Sehe' Se, 's is so, e' alter Paschtor den ich kenn un' der voll so Witzlereie' steckt, der hot mer die Ufflösung gsacht, ja gucke' Se nor, 's is so, so wahr ich Semser heeß'.

Gustl. Was?! Sie lüge'? Sie habe' mich a'geloge' un' hinnergeh' wolle'. Ei ei Herr Semser,

bo fin' mer fertig minanner, bann mei' Baf' hot gfacht,
Guschtl, 'n Mann der bich a'lügt, den nemm schun
gar nit, bo weescht be' nie, wie be bra' bischt, bo
bischte verrothe' un' verkaaft. Ne Herr Semser, mit
uns is es nir, bo b'hüt' mich der Himml. (Läuft fort.)

Semser (ihr stumm nachsehend, dann zornig). O du heem=
tückische Mamsell! — War beß Spaß obber Ernscht?
Ich verweeß' mich gar nit! G'schieht mer aber recht,
was treib' ich's aach so romane'haft un' loß mich mit
Räthsl narre' un' bring' Blümcher un' Bouquettcher
un' stell mich a', als wollt ich Paul un' Virginie
spiele' un' Hermann un' Dorothea! Dummes Zeug
for 'n etablirte Mann wie ich, der e' großartiges
G'schäft hot un' an annere Sache' zu denke' als an
Liebesgewinsl un Seufzerglückseligkeit. Hätt' ich gar
nir mit dem Backfisch verhand'lt un' die Gschicht' ver=
nünftig mit der Mutter abgemacht, so wär' beß
Guschtlche so sicher mei', als die Sunn' am Himml
steht. For was hab' ich dann Geld un' Staatspa=
piere e' ganzi Kischt voll! Die alt' Appl hätt' schun
lang gern beß Häusche bo schulbefrei gemacht; e' Paar
so Papiercher als e' Present, e' bische' Instruction
über Kinnerversorgung u. s. f., bo werb mei' Vogl
bal' anners peife'; un' die Baf' bo, die nir zu nage'
un' zu beise' hot, die werb mer aach noch 'rumkrieche
könne'. Was gilt's, for e' kleeni Pension bringt se
der Guschtl ganz annere Heuratstheorie' bei. 'S
beschte wär' freilich, wo anners a'zukloppe'. O! 's

Schmids Lische thät mer gewiß mit eme freundliche Gsicht die Thür uffmache', un' die Schläg' die mer der rothkoppige Jäger octroyre' will, die könnt' ich aach bem Berger überlosse', aber nee', juschtement jetz' setz' ich mein' Kopp uff die Guschtl! Also 'raus mit be' Papiercher, 'raus mit benne' Pairhaus, wo nir wiebbersteht. Semser denk, baß be ber Semser bischt. (Holt seinen Stock, den er an's Fenster stellte — erschrocken) Duhnerwetter noch emol, is beß nit ber Jean=Baptiste? Wahrhaftig! der werd doch nit bo her kumme', beß ging noch ab. Ne' Gottlob der Bär geht in's Dorf. Aber fort jetz', be' neue' Angriff zu präparire'!
(Schnell ab und dabei mit dem Finger gegen das Bild der Gustl drohend.)

4. Scene.

Die Mutter Appl tritt auf, dann Gustl.

Appl (einen offenen Brief in der Hand). Emol muß es doch 'raus, ich muß ihr's sage'. (Ruft) Guschtl! (Gustl in ihrer Kammer: Mutter was is?) Guschtl kumm e' bische' her.

Gustl (aus der Seitencoulisse). Will Se was, liebi Mutter?

Appl. Ich hab' b'r 'was zu sage', liebi Guschtl, setz' dich her, 's is 'was Wichtiges un' kummt mich hart genug a'.

Gustl. Ei liebi Mutter, Sie is so ernschthaft, Sie verschreckt mich ganz; was is dann g'schehe'?

Appl. Sich! Guschtl, in bem Brief bo halt't der Jean=Baptiste förmlich um dich a'.

Gustl. Was? Mutter! der böse Jean=Baptiste, den nemm' ich mei' Lebtag nit.

Appl. Ach Kind, 's is e' bösi Gschicht'. Sich! drei Täg trag' ich den Brief schun 'rum un' hab' d'r nix saache wolle', dann ich weeß', daß de ben Jäger nit magscht, aber denk b'r nor, heut Nacht traamt mer vun dein'm selige' Vater, vun mein'm gute Appl, un' ich seh 'n freundlich for mer steh', wie er im Lebe' geweft is. Voll Sorge' über ben Brief war mer als müßt' ich -'m was brunn sage', un' so sag' ich bann: „ach lieber Appl, der Jean=Baptiste hot um die Guschtl a'ghalte', bu weescht baß es e' gewaltthätiger Mensch is, was sächscht bann bu brzu? Un' bo sächt der selige Appl, ach Guschtl, ich hab's recht beutlich g'hört. (Wischt sich eine Thräne aus den Augen.)

Gustl. Um's Himmelswille', Mutter, was hot er gsacht?

Appl. Er hot ganz ruhich un' feierlich gsacht: „der Jean=Baptiste werd 'm Guschtche sei' Glück macha".

Gustl. Nit möglich, Mutter, beß kann der liebe Vater nit gsacht habe', (heftig und weinend) ne' de' Jean=Baptiste kann ich nit heurate', nor ben Mensche' nit, nor ben nit!

Appl. Sei ruhig Kind und sei e' bische vernünftig. Du weescht, 's hot wohl g'heese, mei' seliger Appl hätt' mit sein'm Holzhandl viel Geld gemacht, aber wie er g'storbe' is, war so wenig bo, daß mer

recht knapp bun mein'm bische' Vermöge' lebe' müsse'
un' beß werb alle Tag weniger. Der Jean=Baptiste
is e' wohlhab'nber Mann un' wann er aach e' wilder
Mensch is, sich! Guschtl, e' gscheidi Fraa kann bo
viel ännere.

Gustl. Ach liebi Mutter, nor ben Mensche' nit,
e' bische' e' Lieb g'hört jo boch aach zum Heurate, ich
kann nit, ich kann nit.

Appl. Ei liebes Kind, beß stellscht be b'r alles
anners vor, als es in ber Werklichkeit is. Glaab
mir, bie Heurate', bie so, was mer sächt, aus ere
brennenbe Lieb entsteh'n, sin' nit alls bie glücklichschte.
Die Lieb, sich! is wie e' heeß' Wasser un' ber Ehe=
stand is wie e' kaltes Wasser; wann be jetz' e' heeß'
Wasser un' e' kaltes zammagieße' thuscht so werb die
Hitz' bal' weg sei' un' über korz obber lang weeß' mer
gar nimmer, wie heeß' beß eene Wasser war, mer weeß'
oft nit emol, ob's überhaupt heeß' gewest is. Deß is
halt so uff ber Welt un' e' Schwärmerei bun ewiger
Lieb' is bummes Zeug, mei' Kind. Die Hauptsach'
beim Heurate' is e' anstänbigi Versorgung un' bie is
bir bei bem Jean=Baptiste garantirt, bann er hot e'
hübsches Auskumme'.

Gustl. O Mutter, ich sterb' wann ich ben ge=
waltthätige Mensche' heurate' soll, un' ich muß Ihr's
nor sage', liebi Mutter, ich hab' en' annere Schatz un'
bun bem loß ich nit. (hält bie Schürze vor bie Augen und schluchzt)

Appl. Was hör' ich, wohl gar den Moler?!
(Gustl nickt mit dem Kopf und weint fort.)

Appl (für sich). Dö habe' m'rs. (Zur Gustl) Aber ich bitt' dich, der Berger is wohl e' guter Mensch, aber er hot halt nir un' bei' seliger Vater hot's jo selber gsacht, daß dich der Jean=Baptiste glücklich mache' werd, ich hab' deutlich jedes Wort verstanne'.

Gustl. Ne Mutter, beß kann nit sei', der gute Vater hot vielleicht gsacht, daß mich der Jean=Baptiste nit glücklich mache' werd, un' Sie hot beß nit über=hört. Un' der Berger kann doch aach noch 'was werre', Conservator hot er gsacht, o Mutter, ich verweeß' mich nicht vor Angscht un' Elend. (Weint.)

Appl (für sich). Sie dauert mich in der Seel', beß gute Kind, nee ich kann's nit länger a'sehe'. So hör' nor uff, Guschtl, wann's b'r halt gar so zu Herze' geht, so schreib ich 'm ab in Gottsname'.

Gustl. O Mutter, goldichi Mutter! (Fällt ihr um den Hals.)

Appl. 'S is erschrecklich, was es for Sache' git uff der Welt, un' jetz' wiebber der Brief; ich muß zu. der Kathrin geh', die kann mer'n uffsetze', ich bring's nit zamma.

Gustl. Ei Mutter, beß will ich schun thu', die gut Kathrin schwätzt gern 'rum.

Appl. Hoscht recht, no' so mach halt e' Conzept, aber ruhig un' artig, gel, un' ich thät' finne' baß be noch zu jung bischt un' so 'was.

Gustl. Ich will's mache', so gut ich kann.

Appl. No', ich muß doch zu der Kathrin, ich sag' ihr aber nix! wann ich wiedder zurucktum, wolle' mer den Brief fertig mache'. (Ab.)

5. Scene.

Gustl. Später Jean-Baptiste.

Gustl. Ach! was ich froh bin, daß der Storm vorbei is un' daß die Mutter ke' Geld' gelehnt hot vun dem Jean-Baptiste, dann beß hätt' se schun gsacht; so sin' doch ke' Verbindlichkeite' do. Ich bin ganz müd' vun dem Schrecke', aber des Conzept will ich doch glei' mache'. Je früher der Brief fortkummt, desto besser. (Holt aus einem Schrank Tintenzeug und Papier und fängt an zu schreiben.)

Werthgeschätzter Herr Jean-Baptiste — Ich bedauere Ihnen schreiben zu müssen — (ne' halt, mer derf nit so mit der Thür in's Haus falle') — Sie waren so gütig, um meine Tochter (Geräusch an der Thür, Jean-Baptiste tritt herein.) (Gustl sieht ihn.) Ach Gott, do is er, der schreckliche Mensch. (Knickt schnell den Brief zusammen und schiebt ihn in die Tasche der Schürze; ergreift ein Strickzeug.)

Jean-Baptiste. Gute' Morge', Guschtl, (nimmt einen Stuhl und setzt sich zu ihr.) wie geht 's, Schatz?

Gustl. Dank' schö', wie 's so geht; wie geht's Ihne' Jean-Baptiste?

Jean-Baptiste. Wie 's ee'm geht, der heurate' will, mer is alls e' halber Narr drbei.

Gustl. Ei, do solle' Se nit heurate'.

Jean-Baptiste. Ich will aber doch heurate' un' dich will ich heurate', ja guck mich nor a', ich hab' 's deiner Mutter g'schriebe' un' weil se mir nit antwort, so will ich jetz' die Antwort vun dir selber hole'. Du weescht, daß ich dich gern hab' un' daß ich dich versorge' kann, also mach' 's korz.

Gustl. 'S muß Ihne' nit verdrieße', Jean-Baptiste, aber ich denk' gar nit an's Heurate', bin recht zufriede', so mit der Mutter zu lebe'.

Jean-Baptiste. Deß heeßt nir, e' Mädche' muß e' Fraa werre, un' du wärscht beß erschte, deß nit heurate' wollt'.

Gustl. Die Mutter hot selber gsacht, ich wär' noch zu jung zum Heurate'.

Jean-Baptiste. A was, zu jung, bischt 18 Johr alt, bischt jetz' grad in der rechte' Blüh, un' machscht mer aach nit weiß, daß de' noch an kenn' Mann gedenkt hoscht; ich will bir 'was sage', uff Zimperlichkeite' versteh' ich mich nit un' wisse' will ich, wie ich dra' bin. Wann's dich aber hart a'kummt frei vun der Leber weg zu rede', so will ich dir beß spare', daß de sichscht, daß ich Rücksichte' hab' for e' mädche'haftes Wese, wie 's so Mod is. Ich hab' jetz' 'n Gang zu mache' un' in 're Vertlstund kumm ich wiedder. Willscht de mich nit, so hängscht de e' Tuch do über dei' Bild, beß der Pinslclev' Berger gemolt hot, willscht de mich, so loß es wie's is. Derweil

b'hüt dich Gott un' ich hoff' dich als mei' Braut wiebber=
zusehe'. Abieu!

(Setzt seinen Hut nach der Seite auf und geht ab).

Gustl (leise und ängstlich). Weil er nor fort is! (springt
an's Fenster.) Do geht er 'm Wald zu, be' Hut schepp
uff sein'm rothe' Kopp un' schier wie e' Räuber a'zu=
sehe'. Aha, dort fahre' se Holz aus 'm Wald, er
winkt, hot wohl benne' Knecht was zu sage'. Jetz'
gschwind, er kann bal' wiebber bo sei'. (Sie läuft nach dem
Waschkasten und holt eine Serviette hervor, stellt einen Stuhl vor das Bild,
steigt hinauf und verhängt es, steigt herunter und besieht es, und steigt
noch einmal hinauf, das Tuch fest hinter die Ecken der Bilderrahme ein=
zwäugend.)

(Mit erhobenen Händen) O mei' guter Vater, o ver=
zeih' mer's, wann ich den Jean=Baptiste nit heurat',
o sei nit bös' drüber un' bring' uns nit in's Unglück.
— Was werd er jetz' thu'? Ich zitter' am ganze'
Leib. Im Nothfall schrei' ich baß 's ganze Dorf zamme=
laaft. — (Wirft sich ermattet in einen Stuhl, springt aber gleich wieder
lauschend auf.) Ich meen', ich hab' was g'hört. — Jetz'
hör' ich was klappre' in be' Stee' uff 'm Weg, o
du lieber Himmel jetz' kummt er. (Versteckt sich hinter einem
Schrank.)

Jean=Baptiste (tritt auf). Sie is nit bo', (sich nach
dem Bild wendend) Was?! Sie untersteht sich? Sie macht
mer ben Spott?! Die Guschtl, bie ich als e' halbes
Kind schun gekennt hab', mit ber ich alls so freundlich
gewest bin, bie Guschtl, bie nir is un' nir hot, bie
will mich abweise'?! O bo steckt 'was anners brhin=

ner, bo steckt der Bu' brhinner, der Berger. Ei so
schlag' e' Dunnerwetter drei'! Aber wart', Moler, ich
werr' b'r zeige' mit was for eme Pinsl ich mol,
(zieht den Hirschfänger) ich werr' b'r e' Prob' bolosse', wie
ich bir noch emol die Farb' uffsetz' (rennt auf das Bild und
haut es in Stücke) So werr' ich dich zeichne', beß sin' die
Strich vum Jean=Baptiste! (ab.)

6. Scene.

Gustl, dann Berger und Appl.

Gustl (die Hände ringend.) Bal' hätt' ich gekrische', beß
is jo 'n entsetzlicher Mensch, un' den zu heurate'!
Was er nor Alles verhaut un' verschlinge' hot. Ich
hab gemeent, 's ganze Haus fallt z'amma (tritt vor und
bleibt stehen beim Anblick des zersetzten Bildes, welches auf dem Boden
liegt.) Mei' Bild! beß schöne Bild vum Philipp! wie
schab', wie abscheulich! (Hält die Rahme mit dem zersetzten Bild
in den Händen.)

Appl (tritt auf). Appl. Ja was is dann beß? dei'
Bild verrisse', Guschtl, was hots dann' gebe'?

Gustl. Ei Mutter, der böse Jean=Baptiste hot's
getha', mit sein'm Herschfänger hot er's vun der Wand
runnerg'haut, weil ich 'n nit mag.

Appl. O der Unmensch, beß is jo erschrecklich,
un' e' ganzes Loch hot er in den Wandbalke' g'haut,
wie kann dann beß sey'? Ei beß is jo wie hohl!
(zieht ein Paket hervor) Ja was seh' ich, ach Guschtl, beß
Paket kenn' ich, beß sin' die Obligatione' vum selige'

Appl, die mer alls gſucht habe', guck nor guck, ſechs=
tauſnd Gulde'! O du lieber Gott, beß hot er nimmer
ſage' könne', daß er ſe do verſteckt hot. O Kind, jetz'
biſcht be verſorgt, un' gel' der Vater hot doch recht
g'hat, daß dich der Jean=Baptiſte glücklich mache' werd.

Guſtl. Ja du lieber Himml wie wunnerbar!

Berger (ſpringt den Hut ſchwingend herein). Conſervator!
Conſervator! Freue dich, Guſtchen, ich habe die Stelle
bekommen, mein Landsknechtbild hat den Ausſchlag
gegeben.

Guſtl. Wahrhaftig Philipp?! O Glück über Glück!
(läuft zum Berger und ſchüttelt ihm die Hand.)

Appl (freudig.) Ei was e' Tag, was kummt heut'
Alles zamme', un' denke' Se nor, Herr Berger, mir
habe' 'n Schatz g'funne' im Haus!

Berger. Einen Schatz? O Frau Appl, ich habe
längſt einen Schatz im Hauſe gefunden und bitte, daß
Sie mir den laſſen wollen, ich verlange keinen andern.
O geben Sie mir die Hand meiner lieben, lieben
Guſtl?!

Guſtl. O Mutter —

Appl. Ja Kinner! jetz' hab' ich jo nir mehr
dawidder un' geb' euch aus Herze' mein Sege'!
(Philipp umarmt die Guſtl, in dieſem Augenblick erſcheint Semſer an der
Thür, betroffen ſtehen bleibend, ein Paket in der Hand.)

Appl. Kumme' Se 'rei, kumme' Se 'rei, Herr
Semſer, denke' Se, die Guſchtl is Braut, der Herr
Conſervator Berger der Bräutigam!

Semfer (das Paket einsteckend, für sich). Do habe' mer die G'schicht! Trop tard! (gegen die andern) gratulir', gratulir' —

Gustl (zu Semfer). Un' Sie müsse' mei' Brautführer sey' (nimmt ihn bei der Hand) gewiß beß thun Se mer zu G'falle', Sie fin' jo der a'gesehenschte Mann weit 'rum im Land, beß gebt der Hochzeit erscht de' rechte' Glanz!

Semfer (für sich). Der angesehenschte Mann! 'S is doch e' guti Seel'! (zu Gustl) Wann ich's recht sage' will, lieb's Guschtche, so wär' ich wohl lieber der Bräutigam als der Brautführer, aber fait accompli! do mach' ich ke' G'schichte' un' ich mach' be' Brautführer.

Berger. Und morgen soll die Verlobung seyn und das ganze Dorf lad' ich ein' und alle Welt soll wissen wie glücklich wir sind!

Semfer. Un' ich geb' be' Champagner brzu, un' knalle' soll er mit seiner Kohlensäure, daß mer's bis Speier hört, un' Alles uff's Wohl vum neue Brautpaar!

(Der Vorhang fällt.)

Druck von Ph. J. Pfeiffer in Augsburg.

www.ingramcontent.com/pod-product-compliance
Lightning Source LLC
Chambersburg PA
CBHW020904230426
43666CB00008B/1304